KB003022

사유하는 목소리, 하카 음악의 여성성

사유하는 목소리, 하카 음악의 여성성

— 현대 대만 대중문화와 여성적 주체

뤼아이메이 지음 ─ 신봉아 옮김

A I C I C

客家

hak-kâ

[kèjiā]

일러두기

· 이 책에 저본이 된 논문은 2018년 정부(문화체육관광부)의 재원으로 국립아시아문화전
  당의 지원을 받아 수행된 연구다.
· 단행본은 『 』, 논문은 「 」, 예술작품은 《 》,〈 〉로, 저자가 추가한 구절은 [ ]로 묶어 표시
  했다.
· 외국 인명·지명의 표기는 국립국어원 외래어 표기법에 따랐다.
· 이 책의 중국어 표기는 중국어 병음법에 따라 음차하고 한자를 병기했다.
· 별도의 출처 표시가 없는 도판은 모두 뤄쓰룽이 제공했다.
· 음반과 노래 제목은 한자와 영어를 병기했다(「부록」 참조).

이 연구는 하카 민족성의 인식과 관련하여 사람들에게 충격과 당혹감을 안겨준 대만 대중문화 속의 하카 음악에 관한 내 박사 학위 연구를 기반으로 확장된 질문에서 출발했다. 나는 음악과 젠더에 관한 질문, 특히 하카 여성의 목소리에 집중했다. 하카 사회에서 여성은 대체로 불평불만 없이 고난을 감내하고 운명에 순응하는 존재로 여겨진다. 하지만 정보의 공유와 팽창이 가속화된 오늘날, 하카 여성을 그러한 불변의 상태로 정의할 수 있는지, 그래도 되는 것인지 의문이 생긴다. 10여 년 전 뤄쓰룽羅思容이 대만 음반 시장에 데뷔할 당시, 나를 비롯해 많은 대만 기자와 음악 평론가 들에게 '너무도 다른' 목소리를 내는 이 하카 여성은 가히 충격이었다. 나는 이 독특한 목소리—뤄쓰룽의 노래—와 정형화되지 않은 스

타일에 흥미를 느껴 노래가 전달하는 메시지에 대해 곰곰이 생
각하게 되었다. 주디스 버틀러Judith Butler가 『젠더 트러블Gender
Trouble』에서 했던 말이 머릿속에서 떠나지 않았다. "젠더의 표
현 뒤에는 젠더가 없다. 그 정체성은 그것의 결과라고 알려진
바로 그 '표현'을 통해 수행적으로 구성된다."[1] 이 말은 "하카
여성의 이야기를 다른 방식으로 노래하고 들려준" 뤄쓰룽의 용
기를 떠오르게 했다.

2017~2018년의 연구 기간 동안, 감사하게도 타이베이에 있
는 뤄쓰룽의 개인 스튜디오에서 그녀를 직접 인터뷰할 기회가
있었다. 당시 내가 놀라움과 감동을 느낀 부분은 대화 도중 그
녀에게서 즉흥적으로 흘러나오는 노래였다. 그것은 그녀의 음
악에 담긴 획기적인 표현만큼이나 자연스러웠다. 그 순간 나는
음악이 그녀의 마음속에 끊임없이 흐르고 있으며 일상 속에서
즉흥적으로 만들어진다는 것을 깨달았다.

아시아문화원의 학술 지원에 감사드린다. 그곳에서 연구 논
문을 쓸 기회를 얻은 것은 행운이었다고 생각한다. 연구자 레
지던시 프로그램 기간 연구소의 공간, 장서, 행사, 범지역적이
고 현대적인 관점의 다양한 전시에서 많은 자극을 받았다. 내
연구를 위한 서적 구입은 물론이고 레지던시 동안 의사소통에
도움을 준 아시아문화원 직원들에게 감사드린다. 이곳 동료들
이 보여준 친절한 배려, 뜻깊은 대화, 우정에 대해서도 진심으

로 감사의 말을 전하고 싶다.

내 연구와 논문 집필의 모든 단계에서 관심과 조언과 격려를 아끼지 않은 이동순 교수님께 특히 많은 신세를 졌다. 그분의 멘토링 덕분에 아시아의 맥락에서 사운드, 수행성, 민족문화를 더욱 비판적으로 고민할 수 있었다.

마지막으로 나의 지적 모험에 신뢰와 무조건적인 지원을 보여준 부모님께 감사드린다. 지난 몇 년간 내가 들어온 이 낯선 음악에 대해 부모님이 보여준 열린 태도와 관심은 그 무엇보다도 소중하다.

모호하고 흥미로운 목소리

우리는 여성의 역량 신장이 일반적인 관심사로서 널리 논의되는 시대를 살고 있다. 이러한 현상은 아시아를 비롯한 세계의 다양한 지역에서 발견된다. 아시아에서 여성 개념의 형성 및 변화를 이해하고 이러한 문화적 과정 속에서 예술의 표현 방식과 영향에 관한 지식을 확장하기 위해, 이 책은 현대 대만의 하카족 여성 싱어송라이터의 작품을 집중적으로 다룸으로써 대중음악이 여성성 형성에 관여하는 방식을 살펴본다.

하카 노래들은 1980년대부터 대만 대중음악계에 속속 등장했다. 이 노래들은 '새로운 하카 음악' 또는 '새로운 하카 민요'라고도 불리며, 하카 민족에 관한 현대 대만인들의 새로운 해

석과 표현을 반영했다. 그중에서 뤄쓰룽의 노래들은 하카 민족
성을 젠더의 관점에서 드러내고 하카 여성성을 중점적으로 다
룬 상징적인 작품들이다.

뤄쓰룽의 노래들은 대만의 주류 매체에 거의 소개되지 않았
다. 대신 하카 TV 채널과 라디오를 통해 알려졌다. 뤄쓰룽은 대
학 축제나 음악 페스티벌 같은 공공 무대에 오르기도 했다. 그
녀의 음악은 중국 사회에 일반적으로 알려진 하카 전통 민요가
아니라 그녀가 직접 작곡한 곡들이었다.

음향적 혹은 음악적 스타일을 살펴보자면, 그녀의 곡들은 하
카 언어(뤄쓰룽의 모어), 자유로운 리듬, 반음계 멜로디, 흥얼거리
는 목소리가 특징이다. 기타와 하모니카처럼 블루스와 재즈에
서 흔히 쓰이는 악기는 물론, 하카 코코넛 피들 같은 민속 악기
도 반주에 사용된다. 그녀의 표현과 기악 편성은 일명 '세계음
악world music' 혹은 '월드 비트world beat'에서 흔히 나타나는, 다양
한 문화적 요소를 뒤섞는 통합적 스타일을 보여준다.

뤄쓰룽은 2000년대에 대만 대중음악계에 진출했다. 첫 앨범
《에브리데이每日/Everyday》(2007)는 저명한 포크 및 세계음악 잡
지 『에프루츠fRoots』[2]에 소개되었다. 하지만 이 음악에 관한 구
체적인 설명은 잡지에 실리지 않았다. 2012년 뤄쓰룽은《꽃들
이 손짓한다攬花去/The Flowers Beckon》(2011) 앨범으로 제23회 대만
골든멜로디어워드에서 베스트 하카 앨범상과 베스트 하카 가

수상을 수상했다. 이후 많은 음악 평론가, 기자, 작가 들이 그녀의 앨범에 관한 추천과 소개의 글을 썼다. 그녀의 인생과 음악적 행보에 관한 정보는 TV 인터뷰와 연구 논문을 통해 확인할 수 있다.

그녀의 음악에 관한 비평 중 가장 곱씹어볼 만한 것은 아마도 음악 평론가들과 작가들이 쓴 글일 것이다. 그들의 견해를 수용자 반응의 한 형태로 볼 수 있다면 말이다. 이러한 논평들은 모호한 느낌을 전달하기 위해 아주 은유적으로 쓰인 경향이 있다. 음악 평론가들과 작가들이 쓴 아래의 논평은 상상력 넘치는 단어로 가득하며, 기묘한 시간과 방향 감각의 상실을 묘사하고 있다.

> 뤄쓰룽의 노래는 고대 '주술사shaman'의 기운이 번뜩이고, '대지모신Mother Earth Goddess'의 이미지마저 연상시킨다. 이 노래는 밤공기에서 느껴지는 축축한 흙냄새, 졸졸 흐르는 물, 흔들리는 불꽃의 감각으로 충만하다. 이것은 신의 개입을 청하는 고대 여사제의 노래와 춤 의식이다.[3]

> 뤄쓰룽의 노래를 듣고 있으면… 어느새 우리가 어린 시절을 보낸 고향 마을의 우여곡절 많았던 세계로 돌아가게 된다.[4]

하카 여성 싱어송라이터 뤄쓰룽.

악기, 음악 편성, 보컬 스타일은 전통과 혁신 사이를 오가며 희
열을 안겨준다.[5]

거대한 호수나 바다처럼 청중을 감싸며 그 물결과 일렁이는 빛
을 통해 이것이 꿈인지 생시인지 헷갈리게 하는 목소리.[6]

또한 그녀의 음악적 표현에 사용된 퓨전 스타일은 여러 평론
에서 주목받았다. 그녀의 노래에 담긴 예상치 못한 음향 조합
과 표현에 놀라움과 경의를 표했던 논평은 다음과 같다.

하카의 시와 노래가 미국 미시시피의 풀뿌리 음악과 이토록 멋
진 조화를 이룰 줄은 상상도 못 했다.[7]

포크, 컨트리, 블루스, 로큰롤, 경극, 시취戲曲(각종 지방극을 포함
한 중국의 전통적인 희곡 – 옮긴이), 와카和歌('일본의 노래'의 준말로서
일본의 사계절과 남녀 간 사랑을 주로 노래한 정형시 – 옮긴이) 같은 다
양한 장르가 한 냄비 속에 녹아 있다.[8]

이런 노래를 듣는 것은 배에 올라타는 것과 같다. 비록 작은 배
지만, 거기에는 긴 여정을 향한 결의가 담겨 있다. 이 배는 하나
의 음악 장르나 스타일에 갇히는 것을 거부하며, 여성의 마음속

깊은 곳에 있는 비밀스러운 해안에 닿기를 갈망한다.[9]

이 음악은 하카의 '라오산거老山歌'와 미국 블루스 전통 간의 놀라운 대화를 들려준다. 언뜻 기묘하고 독특해 보이는 이 조합은 실제로는 지극히 자연스럽다.[10]

하카 여성성에 관한 뤄쓰룽의 비판 의식을 중심으로 그녀의 인생 경험을 살펴보고 예술적 표현을 분석적으로 해석함으로써, 이 연구는 모호함, 불확실함, 예상 밖의 감각을 불러일으키는 이 노래들이 하카 여성성을 효과적으로 정의하고, 청중을 매혹하고, 대만 사회의 문화적 변화에 중요한 역할을 할 수 있었던 이유를 분석하는 것을 목표로 삼는다.

이 연구에서 내가 주장하고 싶은 바는, 음악이 불러일으키는 막연함과 모호함은 새로운 문화적 의미가 탄생하는 중요한 순간을 암시한다는 것이다. 뤄쓰룽의 노래에 나타난 하카 여성성이 청중에게 호기심과 혼란을 불러일으키는 이유는 대체로 그녀가 하카 여성들을 정의하는 데 사용한 비전통적 기법과 발상 때문이다. 다시 말해, 그녀의 접근법은 하카 여성들을 "마치 다른 존재인 것처럼" 낯설게 만든다. 이 글에서 나는 조지 립시츠 George Lipsitz가 "본인이 소속되지 않은 집단과의 동일시"[11]라고 설명한 것과 같은 맥락에서, 뤄쓰룽의 노래가 "전략적인 반본질주의적strategic anti-essentialistic"표현을 사용한다는 것을 보여줄 것이다. 또한 그녀의 노래가 음악적 통합과 일명 "초상화 전략 portraiture strategy"을 통해 하카 여성의 정형화된 이미지를 벗어나 그들을 위한 "새로운 얼굴들"을 만들어냈으며 다양하고 섬세한 여성적 주체들을 창조했다는 것을 보여줄 것이다. 이를 통해 그녀의 노래는 가부장 사회의 시선으로부터 하카 여성의 이미지를 해방시키려 한다. 더욱이 중요한 것은, 그녀의 음악은 이론 및 실제 모두에서 중국 취파이曲牌('이름이 붙은 곡조들'이라는 뜻으로 중국 문화에서 정형화된 가락을 지칭한다) 전통의 하나인 하카 산거山歌(민요)를 변화시켰다는 점과, 아프리카계 미국인의 블루스 음악 요소를 차용해 음악과 현대의 삶과 주관적 감각의 관계성을 강화했다는 점이다. 결과적으로 그녀의 음악은 하카 여성의 음악 활동을 가부장 사회의 문화적 결정론으로부터 탈출시켰고, 여성의 주관적 의지와 경험에 초점을 맞췄다. 현대화된 대만 사회에서 뤄쓰룽의 노래는 일종의 '사유하는 목소리 thinking voice'를 드러낸다. 이것은 리시아 피올 마타Licia Fiol-Matta 가 내놓은 개념으로, 비판적이면서 생각을 자극하는 여성 가수의 표현을 의미한다. 이를 통해 뤄쓰룽의 음악은 민족문화에 의해 정형화되고 강요된 하카 여성의 자기 인식에 반론을 제기하고, 하카 여성성을 가변적이고 역동적이고 창조적인 과정으로 전환시킨다. 한편 그녀의 노래는 하카 여성에 관한 대만인과 전 세계인의 인식을 바꾸고 이해를 높이기 위한 새로운 가능성을 제시한다.

하카 여성성의 재현과 전복

이 책은 세 부분으로 구성된다. 1장은 이 논의를 위한 배경지식으로서 하카와 대만에 관한 다양한 관점의 정보를 제공한다. 거기에 포함된 큰 질문은 다음과 같다. 하카는 누구인가? 하카라는 민족 명칭은 무엇을 의미하는가? 하카 여성성은 중국 사회에서 어떤 자리를 차지하는가? 이 질문에 이어 대만의 맥락으로 초점을 옮겨 일반 대중에게 하카 여성이 어떻게 소개되었는지 영화와 음악 분석을 통해 알아본다. 〈차나무산의 사랑 노래茶山情歌〉(1973)와 〈나의 고향原鄕人〉(1980)처럼 잘 알려진 영화와 유명한 하카 여가수 라이비샤賴碧霞(1932~2015)가 예시로 제시된다. 이러한 예시들은 뤄쓰룽의 비판 의식 및 음악이 출현하게 된 배경인 동시에, 그 출현을 더욱 부각시키는 역할을 한다. 뤄쓰룽이 새롭게 시도한 음악 제작 및 표현과 관련된 중요성과 독창성을 살펴보기 위해, 나는 여성적 역량의 창조와 제한이라는 관점에서 노래와 하카 여성의 관계로 논의를 확장할 것이다.

2장에서는 뤄쓰룽과의 대면 인터뷰와 그녀의 일생에 관한 이전 연구를 바탕으로, 하카 여성성에 대한 비판 의식의 출현과 뤄쓰룽의 음악 활동, 더 넓게는 예술 활동의 원동력이 된 여성적 자각에 대해 논의한다. 이 부분에서는 뤄쓰룽이 그림, 음악, 시 등 다양한 예술을 통해 상징적으로 여성적 주체에 관한 생각을 정리하고 표현한 방식을 설명하기 위해 초상화 전략이라는 개념을 제시한다. 이때 초상화 전략이란 이미지, 언어, 소리를 매개로 여성성을 드러내는 방식을 의미한다. 이것은 뤄쓰룽의 모든 예술을 관통하는 주요 주제인 동시에, 그녀의 노래가 새로운 하카 여성성의 확립에 관여하는 방식을 들여다보는 돋보기 역할을 한다.

3장은 뤄쓰룽의 음악적 초상화 전략을 조명한다. 그녀의 노래 〈에브리데이〉의 사례연구를 통해 어떻게 이 하카 산거의 견본이 하나의 족쇄가 아닌 글로벌 문화와 상호 소통할 수 있는 민족적 상징으로 발돋움하고 다양한 하카 여성성을 탐색하는 역할까지 맡게 되었는지 논의할 것이다. 덧붙여 유럽 페미니즘 사상의 영향에 초점을 맞추어 뤄쓰룽의 음악이 가사 표현 측면에서 하카 여성성을 재정의한 방식을 자세히 살펴볼 것이다.

뤄쓰룽의 노래는 "초상화 전략"을 통해
하카 여성의 정형화된 이미지를 벗어나
"새로운 얼굴들"을 만들어냈으며 다양하고
섬세한 여성적 주체들을 창조했다.
이를 통해 가부장 사회의 시선으로부터
하카 여성의 이미지를 해방시키려 한다.

하카에게
젠더는 왜 중요한가

이 논의에 맥락적 정보를 제공하기 위해 여성의 역할에 중점을 두어 하카와 그들의 젠더 문화를 소개하는 것으로 이 장을 시작하겠다. 여기서는 '하카는 누구인가,' '하카 여성과 중국 여성의 구분,' '하카 젠더와 대만의 매체,' '노래와 하카 여성' 등의 주제를 다루려고 한다. 먼저 기존 학설에 근거해 민족적 정체성을 드러내는 표지標識로서 하카가 무엇을 지칭하는지 논하고, 하카 여성의 역할이 중국 사회에서 어떻게 구성되었는지에 초점을 맞춘다. 그다음으로 영화와 음반 분석을 통해 전후 대만 매체에서 하카 여성이 어떻게 묘사되었는지, 또 하카 여성을 대변함에 있어 음악이 차지하는 중요성을 살펴보기 위해 이 두 범주가 교차하는 지점을 논하면서 전통적 장면과 현대적 장면에서 다양한 요소들이 개입됨을 살펴본다.

하카는 누구인가

하카는 중국의 여러 민족 중 하나다. 역사적으로 하카가 처음 출현한 시기는 늦어도 5세기 무렵으로 짐작된다. 거주지는 초기에 중국 중부(허난성)에 집중되어 있었으나 점차 동아시아 남부와 동남아시아 각지로 확대되었다. 현재 하카족은 아시아에서 북미, 남아프리카, 유럽, 호주에 이르기까지 넓게 분포해있다. 이 분포도가 형성하는 불규칙하고 가변적인 지도는 아르준 아파두라이Arjun Appadurai의 "민족적 풍경ethnoscape"이라는 개념과 맥을 같이한다. 민족적 풍경은 "우리가 살고 있는 변화하는 세계를 구성하는 사람들의 풍경이다. 관광객, 이민자, 난민, 망명자, 이주 노동자 등 이동하는 집단과 개인들은 세계의 본질적 특색을 이루며, 국가들의 (그리고 국가들 간) 정치에 전례 없이 큰 영향을 미치는 것으로 보인다."[12]

지역적 소속을 따져 하카를 이해하려는 것은 그리 효과적인 접근 방법이 아니다. 이런 시도는 명료함보다 오히려 혼란을 초래하기 쉬운데, 이는 단순히 하카의 인구 분포가 광범위하고 유동적이라서가 아니라 하카라는 민족명 자체가 지리적 소속

을 뜻하지 않기 때문이다. 사실 하카라는 용어의 명시적 의미
는 이들 공동체와 지리적 장소의 연관성을 부정한다.

  중국어로 하카라는 용어는 두 단어 '客'(객)과 '家'(집, 가족)가
합쳐진 말로,[13] 문자 그대로 풀면 '객이 되다' 또는 '객이 어떤
장소를 제집처럼 차지하다'라는 뜻이 된다. 이와 같이 하카라
는 명칭은 민족과 장소 간 연결이 일시적임을 간주하거나 강조
한다. 더 구체적으로 말하자면 하카라는 명칭이 정체성 상징으
로서 표명하는 것은 그들의 비소속성이다. 즉 하카라는 이름은
이민자 공동체를 지칭하며, 이 민족적 정체성을 지닌 사람들과
그들이 사는 장소 사이에 연결성이 부족함을 뜻한다. 이는 하
카 공동체가 어째서 위치로 표시하기 어려운지, 또 소속과 기
원의 문제에서 어원학적 불확실성을 내포하는지 설명해준다.

  또한 여러 인류학 및 역사학 연구에서도 하카를 규정하는 요
소는 다층적이며, 다양한 정치적 이유와 사회적 이해에서 기인
함이 밝혀졌다.[14] 이를테면, 이들 연구에서 밝혀진 것처럼 언
어, 전쟁, 문화가 다양한 역사적 맥락에서 하카를 규정하는 기
준이 될 수 있다. 이들 요인은 하카 조상의 기원을 지시하는 지
리적 개념보다 훨씬 강력했다.

하카 여성은 중국 여성과 어떻게 다른가

일반적으로 하카 여성은 자신의 사회적 신체를 드러내는 방식이 중국 상류층 여성과 달랐다. 이는 특히 두 가지 측면, 즉 전족纏足과 의복에서 분명히 드러난다. 하카 여성의 신발에 관한 한 연구는 전근대 중국 사회의 전족 풍습이 하카 여성에게는 적용되지 않았으며, 더 나아가 이것은 노동 인력으로서 하카 여성의 역할과 연관이 있었음을 보여준다.[15]

하카 여성의 복식 문화에서도 비슷한 연관성을 발견할 수 있다. 2014년 11월 나는 대만 도시 메이농에 소재한 하카 마을을 방문해 '진싱錦興'이라는 상호의 양장점을 우연히 발견했다. 상점 앞에 진열된 밝은 파란색 의류에 매료되어 상점에 들어가 주인 셰 씨와 담소를 나누었다. 그는 이렇게 말했다.

오래전에 하카 여자들은 모두 밭일하기 편하게 이 헐렁한 파란색 옷을 입었지요. 겨드랑이 밑으로는 봉제선을 넣지 않았어요. 거길 꿰매면 팔을 자유롭게 움직이기 어려우니까요.

셰 씨는 벽에 걸린 오래된 사진을 가리키고는 두 팔을 들어 올려 넉넉한 소매를 보여주며 말을 이었다.

우리 역사에서 청나라 군대가 대만에 왔을 때 하카 사람들은 그들과 합의를 봤어요. 하카 여자들더러 청나라 여자들처럼 옷을 입고 전족을 하라고 강요하지 않기로요. 안 그랬으면 우리 하카 여자들은 고된 육체노동을 못 했겠죠.[16]

이를 통해 우리는 전근대 중국 사회의 여성미의 기준인 전족이 하카 여성에게는 적용되지 않았음을 알 수 있다. 농업 인력이 필요했기 때문에 하카 여성은 '자연 그대로의 발天足'을 유지할 수 있었다. 이뿐만 아니라 하카 여성의 옷은 일상 활동을 편하게 할 수 있도록 겨드랑이 쪽에 재단을 넣지 않았고 앞치마를 덧대기도 했다. 이것은 사회적으로 더 높은 계층의 중국 여성이 입었던, 몸에 밀착되고 장식이 달린 옷과는 다른 미적 특징을 보여준다. 일상복의 이러한 특징과 한계는 하카 여성의 사회적 정체성이 하층민 노동계급에 속했음을 보여준다.

대만 대중문화의 하카 여성 재현

유교적 가부장제 이념의 지배를 받고 흔히 소농으로 구성된 하카 사회에서 여성은 사회적으로 고통을 감내하고 순종하는 존재였다. 하카 여성에 대한 인상을 이런 식으로 설명하는 것은 지나친 단순화라는 사실을 잘 알지만, 여기서는 하카 여성의 사회적 실존 또는 가부장적 이념으로 인해 그들이 겪어야 했던 억압과 제약을 탐색하는 수준까지 나아가지는 않겠다. 이 연구의 목적과 긴밀히 연관되고 훨씬 간결한 맥락을 제공하기 위해, 범위를 좁혀 대만 대중매체에서의 하카 여성 이미지 또는 표현 양상에 집중하고자 한다.

전후 대만에서 사회·정치적 변화 및 현대화는 복잡한 문화적 산물을 낳았고, 이 문화적 산물은 1970년대와 1980년대에 하카를 '과거,' '토속성,' '전통성'의 중요한 상징으로 만들었다. 더욱 중요한 것은 이러한 매체 제작물이 하카 여성과 하카 음악에 관한 본질주의적 의미들을 수반한다는 사실이다.

2차 대전 후 대만에서 지역 기반 매체와 음악이 지속적으로 부상한 반면, 민족문화와 관련된 매체 제작물은 국가적인 문화운동과 계엄령 시행(1949~1987)으로 제약을 받았다. 따라서 대중매체에서 하카 여성의 표현도 한계가 있었다. 대중이 하카 여성을 어떻게 인식하도록 만들어졌는가를 이해하기 위해서는 당시 유명한 영화 가운데 하카 여성 캐릭터가 등장하는 작품을 살펴보는 것이 도움이 된다.

가장 상징적인 사례는 아마도 1973년에 제작된 영화 〈차나 무산의 사랑 노래〉일 것이다. 이 영화는 "자유중국에서 제작된 최초의 산거 영화," "은막으로 옮겨진 하카 민요"라고 홍보되었고, 두 가지 요소를 통해 하카 여성의 이미지를 제공했다.

하나는 찻잎을 따는 젊은 여성들, 다른 하나는 남편을 도와 아들의 결혼을 성사시키려는 헌신적인 어머니였다. 〈차나무산의 사랑 노래〉는 대만의 수도에서 부모와 함께 사는 한 젊은 남성이 민요를 수집하러 시골 고향으로 돌아간다는 내용을 담고 있다. 영화의 주요 장면 중 하나인 찻잎을 따는 장면에서 하카 여성들은 농업 노동력일 뿐만 아니라 노래를 부르는 모습을 통해 전통문화의 계승자로 비춰진다.

　〈차나무산의 사랑 노래〉는 여자 주인공이 이야기에서 큰 비중을 차지한다. 이 인물의 옷차림 그리고 그녀가 현대식 병원에서 일자리를 구하는 줄거리(나중에 취직한다)에 비추어 볼 때, 그 당시는 전근대적 전통과 현대 문화가 겹치는 시기로 짐작된다. 영화는 여자 주인공이 사회 변화 속에서 자아 정체성을 드러내려 분투하는 모습보다는, 누군가의 조력자이자 민속 문화 계승자이자 전통적 가치의 수호자로 자아 정체성을 확립해가는 과정을 그린다. 영화에서 남자 주인공은 민요를 수집하기 위해 시골로 온 지 얼마 지나지 않아 친척으로부터 촌장이 "민요에 관해 아주 잘 아니까" 그를 찾아가라는 조언을 받는다. 촌장에게서 하카 음악에 관한 배경지식을 얻은 남자 주인공은 촌장의 딸인 여자 주인공을 만난다. 이야기가 진행되면서 여자 주인공은 '전통 민요'에 관한 가장 중요한 정보원이 된다. 여자 주인공의 이미지는 여러 장면에서 중요한 음악 문화의 계승자이자 가치의 수호자로 그려진다. 그 예로 여자 주인공이 찻잎을 따며 남자 주인공과 산거를 합창하는 장면, 병원에서 그를 간호하며 산거를 부르는 장면, 그의 민요 수집을 돕는 장면, 민요 수집 작업이 해외에서 인정받는 성과를 거두자 그와 결혼을 약속하는 장면을 들 수 있다. 또한 이러한 수단을 통해 음악적 재능과 지식이 이 여성을 전통문화의 강력한 상징으로 만들었다고도 볼 수 있다. 이 영화의 남다른 부분은 남자 주인공의 어머니 역할을 맡은 배우 라이비샤가 연예계에서 활발히 활동하던 유명한 하카 여성이었으며 대만에서 '하카 산거의 여왕'으로 알려져 있었다는 사실이다. 라이비샤는 산거 경연에 참가하고, 방송 프로그램에서 사회를 보고, 음반을 냈으며, 실제로 하카 민요를 수집했다. 라이비샤의 실제 삶과의 동일성 그리고 그녀가 영화에서 펼친 연기는 '전통적 소재'의 전달자이자 공급자로서 그녀가 지니는 의미뿐만 아니라 산거와 현실의 연관성에 대해서도 관객이 생각해볼 담론적 공간을 창조해냈다.

덧붙여 여자 주인공이 아버지와 남자친구에게 사랑받는 인물로 그려지는 한편, 남자들이 연기한 역할과 여자 주인공이 주고받는 상호작용을 보면 그녀는 아버지에게는 순종적인 딸이며(아버지에게 하는 인사말이나 아버지의 호된 질책에 대한 반응 등의 예) 남자친구에게는 헌신적이고 희생적인 연인이다(남자 주인공에게 수혈을 자청하고, 병원에서 그를 간호하며, 자기가 찻잎을 따게 된 계기와 병원에서 일하려는 동기에 대해 고백하는 것 등의 예). 전반적으로 〈차나무산의 사랑 노래〉는 하카 여성의 정체성과 관련해 두 가지를 강조한다. 첫째, 영화는 하카 여성들이 이미 현대화된 시대에 살고 있음에도 자신의 의미와 가치를 스스로 전통에 결부시킴으로써 찾는다는 점을 전달한다. 둘째, 하카 여성의 자아실현은 대개 남자들을 뒷받침하는 것으로써 성취된다는 점을 관객에게 보여준다.

하카 여성이라는 것의 의미를 드러내는 두 번째 사례는 〈나의 고향〉이라는 영화다. 이 영화의 이야기는 대만의 하카 작가 종리허鍾理和(1915~1960)의 자전소설에서 가져왔다. 영화에서 여자 주인공은 남자의 사랑을 받아들인 뒤 그의 헌신적인 아내가 되어 가족과 밭을 돌보고 남편이 평생 작가로서 경력을 쌓도록 뒷바라지한다. 이 영화는 하카 여성의 가족과 사회적 책무에 대한 맹목적인 헌신을 그린다.

전후 대만에서, 특히 1970년대와 1980년대에 제작된 대다수 하카 관련 영화에서는 남성 인물이 여성 인물보다 강조된다. 하지만 하카 지역이 배경인 일부 영화, 이를테면 〈작은 마을 이야기小城故事〉(1979), 〈동동의 여름방학冬冬的假期〉(1984), 〈유년의 과거童年往事〉(1985)에서는 하카 여성이 중심인물로 등장하여 이들이 향수를 불러일으키는 할머니, 헌신적인 어머니나 아내, 순종적인 딸에 투사된다는 사실을 알 수 있다. 이러한 이미지들은 하카 여성이 과거에, 그리고 그 이후에도 지속적으로 가부장적 문화와 전통에 끈질기게 연결되는 젠더 범주로 인식되도록 유도했다.

노래, 하카 여성의 목소리

하카는 전통적으로 여성 다수가 문맹인 민족이라는 점을 감안할 때 여성의 직접적 시각이 반영된 문자 기록이 매우 적다는 것을 짐작할 수 있다. 이러한 맥락에서 하카 여성 음악은 그들의 표현 수단이자 그들의 문화를 이해하는 원천으로서 매우 특별하고 주목받아 마땅하다. 문화인류학자 루비 왓슨Rubie Watson은 홍콩 신계新界 지역 하카 공동체에서 하카의 딸과 자매의 문화를 조사했다. 그 주제는 하카 결혼식의 독특한 노래 관행인 신부의 한탄가였다. 왓슨의 연구는 하카 신부의 한탄가가 여성들이 딸에서 아내로 사회적 정체성이 바뀌는 과정에서 겪는 억눌린 감정과 정신적 고뇌를 분출하는 장이라고 결론 내렸다. 왓슨은 신부들이 한탄가 가사를 통해 시댁 식구들을 원망하고 자신의 고통을 드러냄으로써 그들에게 강요된 사회적 기대를 고발하는 방식으로 반응하고 있음에 주목했다. 그러나 왓슨이 보기에 하카 신부의 한탄가는 그들의 문화적 존재 양상에

변화를 가져올 만큼 명확하거나 공격적인 방식으로 사회적 정체성의 한계를 밀어붙이지 않았다. 이 연구에 따르면, 오히려 하카 여성들은 감정을 분출하는 노래를 부르고 또 부름으로써 자신들에게 가해진 통제와 제약에 순응했다.

이 연구는 하카 여성들의 관점을 이해하는 효과적인 통로로서 노래가 지니는 가치를 드러냈다. 하카 사회의 남녀에게 동등한 문화적 권리가 부여되지 않았지만, 하카 여자들은 음악을 통해 표현 공간을 획득했음을 연구는 보여준다. 또한 이 연구는 "한탄가는 반주 없이 독창으로 불렀다"는 사실을 지적했다.[17] 더욱이 "한탄가는 모두 한 곡조로 불렀고 가사는 자유시 형식을 띠었으며 길이도 마음대로 조절할 수 있었다."[18] 음향적 차원에 관한 설명이 제한적이어서 구체적으로 언급하기 어렵지만, 이러한 개략적 설명만으로도 하카 여성의 음악 창작 역량은 사운드 패턴 관점에서 다소 미흡하고 특정한 음악적 틀에 국한되는 경향이 있음을 알 수 있다. 반면 하카 여성은 가사 측면에서 뛰어난 표현 능력을 보유했음을 알 수 있다. 이 연구는 노래를 부른 여성들이 자신들의 본질주의화되고 통제된 사회적 역할을 극복했다고 인정하지 않는다. 오히려 그들의 노래가 한탄이라는 방식을 통해 가부장적 이념과 가치관을 뒷받침한다고 해석했다. 왓슨은 이렇게 썼다.

신부의 한탄가는 마을 여자들이 (그리고 다른 청중이) 딸이자 벗
이자 아내로 살아가는 그들 삶에 내재된 모순에 관해 잠시 숙고
할 시간을 만들어낸다. 이 숙고의 시간 동안, 한탄가는 여성과
여성의 갈등을 괄시하는 세상에서 여성으로 살아가는 것의 딜
레마는 물론 효심과 정절에 대한 여성의 인식을 청각적으로 전
달한다. 한탄 자체는 이러한 충돌과 갈등을 해결하기보다 오히
려 그것을 칭송하는데, 평범한 여자들은 이러한 분투 속에서 미
덕을 발견하고 인식하고 확립하기 때문이다.[19]

하카 신부의 한탄가에 관한 왓슨의 논의는 우리가 음악, 여
성의 표현, 전후 대만 대중문화에서 여성상 표현의 관계에 대
한 평가를 진전시킬 기반을 제공한다. 여러 문화인류학 연구에
서 밝혀졌듯이, 노래는 여성적 주체의 효과적인 표현 수단으로
서 글쓰기보다 널리 사용되었다. 하지만 우리는 한탄가를 통해
하카 여성의 음악적 표현의 자유는 제한적이었으며, 의식적인
젠더 비평의 조짐이 없었다는 것을 발견했다. 그렇다면 20세기
의 사회·문화적 변화와 더불어 하카 여성은 음악과 자기 인식
에서 역량을 키울 수 있었을까?

20세기 후반 매체와 과학기술에 힘입어 급속히 발전한 대중
음악은 새로운 문화의 장을 마련했다. 이론적으로 이 문화의 장
은 활짝 열려 있었고 민족, 인종, 젠더 또는 다른 어떠한 제약도

없었다. 그러나 이 문화의 장에 하카 여성이 참여한 양상을 자세히 들여다보면 그들은 기존 고정관념에 따라 표현되었고 대개 '산거 민요를 부르는 여성'의 이미지를 벗어나지 못했다.

영화 〈차나무산의 사랑 노래〉와 다수의 유명한 음반, 이를테면 《작별의 노래離別相勸歌》, 《라이비샤의 민요 음반賴碧霞的民謠專輯》, 《하카 민요집客家民謠集》을 살펴보면, 이 작품들과 이들의 상호 텍스트성을 통해 하카 여자들이 어떻게 비춰지고 이해되었는지 읽어낼 수 있다. 이 시청각 자료들은 대만 사회에 '하카 여성'의 존재를 소개하려는 의도로 생산된 것은 아니지만, 롤랑 바르트Roland Barthes의 '신화myth' 개념을 빌려 해석하면 하카 여성성에 관한 상징적 메시지들을 담고 있다. '신화'는 '메타언어 metalanguage'를 수반하며 의미화 행위의 '언어-대상 language-object' 단계를 넘어서서 존재한다.[20]

첫째, 앞서 언급한 영화의 포스터와 음반의 커버에는 "하카 민요"라는 제목이 달려 있다. 따라서 이것들은 '하카 작품' 혹은 '하카와 관련된 작품'으로 소개되었다. 시청각 측면에서 이 작품들은 여자 가수들의 생생하고 선명한 이미지를 제공했다. 그러므로 수용자들은 이들 문화 상품을 하카 여성의 이미지와 연결 지을 수 있었다.

둘째, 한 걸음 더 나아가 이 영화와 음반 커버의 여성 이미지에서 대다수 여성들은 (그리고 소녀들은) 서양식 슬립 드레스나

바지 정장, 또는 개량된 중국 치파오 등 현대식 의복을 입고 있다. 머리 모양은 1960년대에 미국과 아시아의 현대 도시에서 유행했던 올림머리, 또는 머리끝이 바깥으로 말린 보브 단발이다. 하지만 영화와 음반에서는 이런 최신 유행에 관한 분명한 설명이 없다. 이들 여성이 하카임을 알려주는 것은 음반 제목에 소개된 바와 같이, 그들이 부르는 노래였다. 그리하여 음악은 하카 여성을 다른 이들과 차별화하는 의미 있는 표지가 되었다.

이 자료들은 전후 대만의 맥락에서 음악이 구축한 '하카 여성'의 이미지를 심도 있게 이해하기 위해 탐색해야 할 언외의 의미connotations를 풍부하게 제공한다. 그러나 이 주제에 관한 자세한 논의는 이 글의 범위와 주요 관심을 벗어나기 때문에, 특징적인 의미가 담긴 일부 측면만 몇 가지 사례와 더불어 제시하겠다.

영화 〈차나무산의 사랑 노래〉에서 하카 여성들은 시골 주민으로 그려진다. 도시인의 옷을 입고 오토바이 같은 현대적 교통수단을 이용하고 병원 등 현대적 기관에서 근무하지만, 그들이 현대 대만 사회의 평범한 구성원이라는 일반적 인식은 돌연 노래라는 기표記標에 의해 방해를 받고 관객은 그들의 '차이'를 알아차리게 된다.

하카 여성들은 능숙한 가수로 제시되거나 표현된다. 이러한 능숙함은 '민족 문명' 속에서 '자연스럽게' 발현된 '천부적인' 음악적 표현력에서 왔다는 믿음을 주고, 그들의 음악적 재능과 일상 속의 음악을 온전히 드러낸다. 따라서 하카를 '타자들'과 구분하는 음악적 형식에서의 문화적 경계는 바로 이 집단의 여성들에게 할당된다. 혹은 하카 여성과 '타자들'의 차이점이 음악에 의해 과장된다고 말할 수도 있겠다.

시청각 메시지에서 현대성과 전통성의 병치는 음악이나 전통적 측면을 강조하는 데 그치지 않는다. 그것은 하카 여성들이 변화하는 시대에 살고 있음에도 여전히 전통적인 하카 민요 가락을 즐기는 시골의 민요 가수이자, 현대화된 대만에서도 기꺼이 이것과 함께하는 영예로운 전통의 계승자라는 것을 암시한다. 한편 비슷한 표현이 담긴 작품들이 반복적으로 생산되면서 하카 여성들은 문화적 변화로부터 멀어졌고 전통에 기댐으로써 존재하는 현대인으로 구성되었다. 이러한 예에 근거해 우리는 전후 대만 대중문화에서 하카 여성들이 몰歿역사화되고 원시 회귀화 및 재사회화되었다고 말할 수 있다.

노래라는 행위의 측면에서 살펴보자면 여성이 부른 곡들은 대만의 여러 하카 마을에서 발견되는 수많은 취파이에서 따온 것임을 알 수 있다. 신부의 한탄가처럼 이 곡들은 가수에게 고정된 골격을 제공했다. 이것은 여성들이 주로 하카 전통에서 파생된 패턴과 기준에 따라 자기표현을 하도록 유도했다. 이런 식으로 하카 여성과 전통 사이의 연결은 강조되고 강화되었다.

스튜어트 홀Stuart Hall은 고정관념화 현상을 의미화 행위의 관점에서 이론화했다.

고정관념은 어떤 사람에 관한 "단순하고 생생하고 인상적이고 이해하기 쉽고 널리 알려진" 특징 몇 개를 포착해 그 사람에 관한 모든 것을 이 특징들로 축소하고 과장하고 단순화한다. (…) 따라서 첫째, 고정관념화는 '차이'를 축소하고 본질주의화하고 일반화하고 고착화하는 행위다.

둘째, 고정관념화는 '분리' 전략을 활용한다. 정상적인 것과 수용 가능한 것을 비정상적인 것과 수용 불가능한 것으로부터 분리한다. 그다음에는 어울리지 않는 것, 다른 것을 배제하거나 축출한다.

(…) 고정관념화의 또 다른 특징은 폐쇄와 배제다. 상징적 경계선을 긋고, 그 안에 속하지 않는 것은 모두 배제한다.[21]

대만의 현대화 과정에서 하카 여자들을 몰역사화하고 재사회화한 것은 이 특정한 사회적 맥락에서 그들을 고정관념에 가두는 행위였다. 이러한 상황에서 몰역사화되고 원시 회귀화된 음악적 또는 문화적 경향성은, 어느 정도는 하카 여자들을 남자들, 혹은 다른 민족 출신의 여성 '타자들'과 구분해줄 일련의 젠더 의미를 제공하기도 했다. 즉 분리의 잣대를 제공한 것이다. 더 나아가 이것은 하카 여성들에게 '전통'을 상징하는 역할을 요구했다.

홀이 여기서 제시한 바를 고려할 때, 앞서 논의된 대만 매체 사례에서 생산된 하카 여성의 이미지는 상당히 고정관념화된 것이었다. 1970년대와 1980년대 대만에서 이런 본질주의적 이미지들이 생산된 것은 민족문화의 다양성이 정치적 억압 대상이 되었던 계엄령 시대의 배경과 분리해서 생각할 수 없다. 이런 작품들이 하카 문화와 하카 여성에 대해 동일한 문화적 관점을 견지했다고 추정하는 것은 지나치게 성급한 결론일 것이다. 그러나 이들 사례에서 하카 여성들이 그려진 방식은 놀라울 정도로 동질적이다. 이러한 작품들은 억압의 시기에 하카 문화를 부각시켜주었지만 한편으로는 여성 표현에 한계가 있었다. 이 작품들이 젠더 이미지 형성을 위해 만들어낸 공간 역시 상당히 제한적이었고 전통적인 남성 중심 시각에 갇혀 있었다.

이런 배경에서 뤄쓰룽은 하카 여성 싱어송라이터로 대만 대중문화계에 등장해 하카 여성성이라는 주제에 자신의 생각과 창조성을 쏟아부었다. 계엄령 이후의 시대 맥락을 보여주는 한 예로서, 뤄쓰룽의 작품과 그 이전의 작품에서 하카 여성이 어떻게 다르게 제시되었는지 살펴보는 것은 의미가 있다. 뤄쓰룽이 소개하는 젠더 관점은 표상정치representation politics 측면에서 주목받아 마땅하다. 대만에서 그녀의 곡들은 때로는 대단한 찬사를 받고 때로는 하카와의 연관성을 의심받았다. 앞서 「들어가며」에서 언급했듯이 그녀의 곡들은 이따금 애매하고 모호하다는 인상을 주었다. 다시 말해, 사람들은 그녀의 곡들을 어딘가에 위치시키기 어려워했다. 어쩌면 이런 다양한 의견은 뤄쓰룽의 음악이 지닌 비인습성과 독특한 문화적 의미를 가장 단적으로 보여주는 단서일지도 모른다. 뤄쓰룽의 곡들은 '하카 여성'이라는 것이 지닌 상징성을 확장하고 재정의하는 다양한 의미들을 만들어냈다. 그 과정을 탐색하기 위해 다음 장들에서는 뤄쓰룽의 생각과 예술적 표현에 집중하고자 한다.

뤄쓰룽에게 회화, 시, 음악 형태의
예술적 창조 행위는 하카 여성성에 대한
정의를 탐색하는 중요한 수단이었다. 이들은
이미지, 언어, 음향이라는 각기 다른 표현
매체에 의존해 제시되지만, 하카 여성성의
미학화에 기여한다는 측면에서 상호 관련성이
매우 높으며 서로 참조할 만하다.

뤼쓰룽,
하카 여성성을
다시 생각하다

변화하는 맥락에서 하카 여성 되기

　대만의 맥락을 고려할 때 전통적인 하카의 많은 측면은 현대화 과정에서도 사라지지 않았다. 그중 일부가 젠더 관계다. 1950년대에서 1980년대 사이에 대만 매체의 하카족에 대한 묘사는 정치적 제약 때문에 제한적이었고 주로 비非하카 집단에 의해 생성되었다. 전반적으로 영화와 음반에 나타난 하카 여성은 현대적 색채가 입혀지기는 했지만, 여전히 전통 계승자이면서 남자들을 위해 희생하고 헌신하는 존재로 칭송되었다. 달리 말해 하카 여성의 이미지는 문화적 다양성과 역량의 관점에서 다층적이지 않았다. 그들은 고정관념에 단단히 갇혀 있었다.

　1980년대 후반부터 대만의 하카인들이 하카적인 것을 재정의하려는 시도로 만든 문화 제작물이 정치·사회 변화에 힘입어 크게 늘었다. 이런 추세 속에서 뤄쓰룽은 직접 음악을 제작하고 문화적 역량을 자각한 하카 여성으로서 두각을 드러냈다. 뤄쓰룽은 자신의 음악으로 하카 여성성에 대한 비판 의식을 드러냈을 뿐만 아니라 싱어송라이터라는 정체성을 지녔다는 점에서 다른 하카 여성 가수 및 연주자와 구별되었다. 그리하여 뤄쓰룽의 예술적 표현은 하카 여성성을 재정의하는 중요한 동력이 되었다.

뤄쓰룽은 1960년 대만 먀오리의 하카 가정에서 태어났다. 그녀는 먀오리를 "전원적인 분위기를 풍기는 산악 도시"라고 묘사한 바 있다.[22] 중학교를 졸업하고 고등학교 진학을 위해 고향을 떠나 더 큰 도시 신주로 갔고, 나중에 대학 진학과 일 때문에 대만의 수도 타이베이로 이주했다. 뤄쓰룽의 성장기에 대만은 현대화를 겪었고 민족주의가 한창이었다. 그녀의 체험과 내적 성찰은 하카 여성의 사회적 위상을 이해할 돋보기가 되었다. 하카 여성은 여전히 부수적이고 의존적이고 주변적이고 무시된다고 여겨지는 사회적 정체성 범주에 속해 있었을까?

하카 여자라는 것, 또는 하카 여자가 된다는 것은 무엇을 의미할까? 뤄쓰룽이 내놓은 대답들로 볼 때 민족적 젠더화 여부는 사회가 제기하는 질문이자 개인이 스스로에게 던지는 질문이었다. 그녀는 이 질문을 늘 머릿속에 담고 있었다고 한다.

"어릴 때부터 저는 줄곧 '나는 어떤 사람일까?' 궁금했어요. 나는 누구지? 나는 살아 있는 존재로서 내 인생을 제대로 살 수 있을까?"[23] 하카 여성성의 의미에 관한 그녀의 관찰과 숙고는 부모와의 경험에서 처음 시작되었다.

뤄쓰룽의 아버지는 은행원이었고 어머니는 일을 하면서 가사를 돌봤다. 다음에 그녀의 기억들이 나열되어 있다. 이 기억들에 대한 그녀의 설명으로 볼 때 부모의 노동 분담과 문화적으로 젠더화된 이미지들은 그녀에게 강렬한 인상을 남기고 문제의식을 일으켰던 것으로 보인다.

아버지는 책을 많이 읽으셨고, 그래서 늘 사람이나 사건에 관해 독자적인 의견을 갖고 계셨습니다. (…) 아버지 친척이나 친구분 들은 살면서 곤란한 일이 생기거나 어떤 문제에 부닥치면 항상 아버지에게 조언을 구했어요. 아버지는 사람들에게 무척 공손하고 진실하셨습니다. 아버지와 달리 어머니는 말이 많고 부산스러우셨어요. 어머니가 친절하다거나 온화하다고 느끼는 사람은 거의 없었죠. 당시 저는 어떻게 문화가 사람들을 지배하고 움직이는지 깊이 생각하고 이해할 능력이 없었어요. 그저 어머니와 아버지를 대비하여 어머니는 옳은 게 하나도 없고 아버지는 인간 본성의 아름다움을 구현하는 분이라고 생각했습니다.[24] 어쨌든 참 불공평하다는 느낌은 들었어요. 어머니는 쉴 새 없이 바쁘셨습니다. 심지어 아버지가 목욕을 하기 전에 아버지 옷까지 준비해야 했지요. 제 기억 속에서 어머니는 늘 피곤하고 지쳐 있었던 반면, 아버지는 귀가했을 때 항상 생기 있고 말쑥하셨어요. 저녁을 들고 나서는 다리를 꼬고 앉아 책을 읽기 시작하셨습니다.[25]

어릴 적 경험은 그런 것들이에요. (…) [하카] 여자들은 어릴 때부터 줄곧 일을 아주 잘하도록 키워지거나 훈련받았어요. 여자들은 뭐든지 다 해내야 했고, 그러지 않으면 남들에게 "게을러터진 '마嫲'(하카어로 여자에게 쓰는 비어)"라고 멸시받았습니다. 이렇게 어릴 때부터 남들에게 요구를 받다 보니 [하카] 여자들은 스스로에 대해 어떤 불안이나 초조함을 느낍니다. 늘 감시와 검열과 비판의 대상이 되기 때문이죠. 하카족에만 국한된 이야기는 아니지만, 저는 이것이 하카족에게 특히 더 분명하게 드러난다는 사실을 발견했어요.[26]

어머니가 제게 자주 요구했던 것은 (…) 여자는 무릇 순종적이어야 한다, 남편을 잘 내조해야 한다는 거였죠. 여자가 자기주장을 내세우거나 지나치게 개성을 드러내는 것은 적절하지 않다는 겁니다. 어머니는 여자가 결혼을 해야 한다고, 그리고 자아, 주체성, 현실로부터 거리를 둬야 한다고 말했던 거예요. (…) 남

자를 중심에 두어야 한다는 거죠.[27]

하카 문화는 뤄쓰룽 부모가 보인 일상적인 행동과 말을 뒷받침하며, 뤄쓰룽이 '젠더 차이'와 '문화적 지배'에 대한 감각에서 불편하게 여겼던 것은 주디스 버틀러의 "생존 전략"[28] 형식에서의 "젠더 수행성"[29] 개념으로 해석할 수 있다. 이 의미에서 하카 여성성은 "양식화된 반복적 행위를 통해 구성된 정체성"[30]이며, 이렇듯 "매우 경직된 규제적 프레임 안에서 이루어지는 일련의 반복적 행위는 시간이 지남에 따라 응고되어 마치 실체 같은 외형, 자연스러운 존재 같은 외형을 낳는다."[31]

젠더를 수행적이고 구축적인 문화 범주로 보는 버틀러의 시각은 젠더 관련 또는 젠더화된 인간의 행동을 당연하게 받아들이거나 미리 결정된 본질로 여겨서는 안 된다고 강조한다. 이러한 시각은 뤄쓰룽이 하카 여성으로서 자아 정체성에 어떻게 접근했는지, 그리고 그녀가 예술적 창조, 특히 음악이라는 수단으로 이 정체성을 어떻게 재정의했는지 들여다볼 수 있는 관점을 제공해준다. 이 점에 대해서는 논의의 초점을 음악에 두는 3장에서 더 자세히 다룰 것이다. 문화적 규범의 개념을 뒤집고 기존의 양식과 범위를 넘어서는 것은 그녀의 음악에서 하카 여자들을 재젠더화하거나 하카 여성성에 대한 새로운 자각을 보여주기 위한 중요한 전략이었다는 것이 내 주장이다.

　어느 개인이 하카 여성으로 젠더화되는 문제에 대한 뤄쓰룽의 의견과 대답을 이해하려면 그녀의 성장기에 대만이 현대화를 겪었다는 사실에 주목할 필요가 있다. 따라서 그녀는 여러 배경적 요인으로 인해 교육, 문화적 노출, 노동 기회 등 여러 사회적 조건에서 많은 하카 여성들, 특히 전통적인 삶을 살았던 하카 여성들과 매우 다른 환경에 놓여 있었다. 과학기술과 매체에 힘입은 활발한 정보의 유통, 다양한 문화적 환경 속에서 생활하고 공부한 경험 등 여러 요인이 뤄쓰룽에게 새로운 자극을 제공한 동시에 하카 여성이라는 것의 의미와 그 잠재성을 평가해볼 다양한 공간을 창조했다. 이 연구에서 이 측면을 아주 자세하게 다루기는 불가능하지만, 우리는 몇 가지 사례를 통해 그녀가 하카 여자들에게 주어진 젠더 규범과 어떻게 대화 관계를 유지했는지, 그리고 어떻게 그녀의 다양한 지역적 경험이 젠더 규범에 관한 새로운 관점을 발견하도록 도왔는지 대략적인 감을 얻을 수 있다.

　첫 번째 사례는 뤄쓰룽의 학창 시절에 관한 것이다. 이 장의 도입부에서 언급했듯이 뤄쓰룽은 10대에 진학을 위해 고향을 떠나 도시로 갔다. 그녀의 고등학교 같은 반 친구들이 그녀에게 별명을 지어주었는데, 이 별명은 그녀 스스로 하카라는 인식을 덜 하게끔 만들었다. 그녀는 이렇게 회상했다.

뤄쓰룽, 뤄쓰딩('나사못'이라는 뜻), 저를 맨 처음 이렇게 부른 애
가 누구인지는 생각나지 않아요. 어쨌든 제가 느끼기에 뤄쓰딩
이라는 말은 (…) 무언가에 하카라는 딱지를 붙이는 말이 아니
었어요. 여성성이나 어떤 젠더를 가리키는 말도 아니었죠. 그건
그냥 아주 자그마한 물건, 하나의 부품 (…) 아주 작지만 세상에
없어서는 안 될 어떤 것을 표상했어요. 그것으로 제게는 충분했
죠.[32]

두 번째 사례는 그녀가 다른 종류의 젠더 관계와 가족 관계
가 가능함을 인식하게 된 때다. 그녀는 첫사랑의 경험을 회상
했다.

아주 달콤했어요. 하지만 어떤 틀이 우리를 둘러싼 느낌을 받았
습니다. 그 틀은 저에게 어떤 제약을 가하는 듯했죠. 저는 헌신
적인 아내인 양 행동했고 늘 그 사람을 뒤에서 도와주었어요.[33]

뤄쓰룽은 훗날 남편이 될 다른 남자를 만나 젠더 관계에 관
한 새로운 생각을 갖게 되었다. 그녀는 회상했다.

그 사람과 같이 있으면 저는 인간에 대한 존중과 주체성의 회복
을 느꼈어요. (…) 그 사람이 삶을 대하는 방식은 제가 살면서 저

자신에게서 의도적으로 떼어내려 해온 어떤 것처럼 보였어요. 제가 제 삶을 [열린 마음으로 조건 없이] 받아들이지 않았다[라는 것을 깨달았습니다]. (…) 많은 것을 통해 제가 스스로와 싸우고 갈등해왔음을 깨달았어요. 제 내면 깊숙이 자리한 많은 감정과 정서를 이해하지 못하고 있다는 느낌을 받았죠. 그래서 이 관계와 과정에서 내면의 자아를 다시 흔들어 깨웠어요. (…) 제 안에서 결핍을 느꼈기 때문에 무언가를 만들어내야 한다고 생각했어요. 한참이 지나 제게 결핍된 것이 저와 저 자신의 관계라는 것을 알게 되었죠.[34]

뤄쓰룽은 자기 가정을 꾸리면서 가족 구성원 간의 관계는 달라질 수 있으며 그것이 다양한 예술적 창조와 연관될 수 있음을 다시금 깨달았다.

저는 고등학생 때부터 집을 떠나 있었어요. 부모님과의 관계는 거미줄 같았죠. 빠져나오기 굉장히 힘들었어요. 저는 제 딸을 낳을 때까지 저 자신과 가족들의 관계를 다르게 만들었고 제가 사는 땅과의 관계도 재정립했죠. 인간은 가계도와 유전적 연결이 전부가 아니란 걸 깨달았어요. 삶의 흐름과 사랑을 통해 인간은 자신을 드러내고 구체화할 수 있어요. [그렇기 때문에] 저는 항상 노래하고 춤을 춥니다.[35]

뤄쓰룽의 경험과 그녀가 스스로와 나눈 대화로부터, 그녀의 하카 여성 정체성은 다양한 문화적 역학과 관련된 복잡한 사회적 맥락에서 출현해 형성되었음을 알 수 있다. 의식적, 무의식적으로 그녀는 문화적 규범에 순응하겠다거나 어머니에게 구현된 정체성을 모방하겠다는 생각을 내던졌다. 이러한 결심은 전후 대만의 맥락에서 하카 여성 문화와 정체성 구축에 있어 반본질주의가 지니는 의의를 드러낸다.

하카 여성성을 탐구하는 뤄쓰룽의 노력은 음악뿐 아니라 다른 예술적 수단을 통해서도 이루어졌다. 더욱 중요한 것은 음악과 관련된 예술적 표현의 중요한 기법들이 음악이 아닌 다른 범주에서도 드러난다는 사실이다. 따라서 다음 논의에서는 먼저 뤄쓰룽의 예술적 행위와 젠더에 관한 생각이 교차하는 지점을 폭넓게 살펴보고, 그다음에는 음악에 더욱 집중해 분석을 시도하겠다.

하카 여성성의 미학화,
초상화 전략

> 내가 초상화와 노래시[36]의 언어들을 숙고하고
> 그것들과 함께 사는 것이 가능할까?"[37]
>
> — 뤄쓰룽

> 사생화는 사물을 베끼는 것이 아니라,
> 자신의 감각을 실현하는 것이다.
>
> — 폴 세잔

뤄쓰룽에게 회화, 시, 음악 형태의 예술적 창조 행위는 하카 여성성에 대한 정의를 탐색하는 중요한 수단이었다.[38] 이들은 이미지, 언어, 음향이라는 각기 다른 표현 매체에 의존해 제시되지만, 하카 여성성의 미학화에 기여한다는 측면에서 상호 관련성이 매우 높으며 서로 참조할 만하다. 이 수단들이 만나는 지점은 여성의 주체성을 추구하거나 탐색하는 접근 방식에 있다고 생각한다. 여성의 시각을 구현하는 이 접근 방식을 초상화 전략이라 부를 수 있다.

뤄쓰룽의 예술 작품을 분석하면 그녀의 작품과 자기 응시 행위가 연관되는 것을 거듭 발견하게 된다. 이러한 연관성은 어느

한 전달 매체에 국한되지 않고, 회화(시각적 소통), 음악(청각적 소통), 시(언어적 소통) 등 서로 다른 표현적 플랫폼을 아우르고 가로지른다. 첫째, 그녀의 자화상과 생활환경, 실내 공간, 그림이 주를 이루는 작품은 묘사 대상의 물리적 상태나 외관의 표현을 강조하는 사실주의를 특징으로 삼지 않는다. 그보다는 화가로부터 파생된 감각적 특징, 자기 삶을 바라보는 시선, 혹은 자신과 세상을 연결 짓는 방식을 포착하는 것이 목표다. 예컨대 뤄쓰룽은 이쑤시개를 써서 자화상을 완성했다(그림 1). 그녀가 이쑤시개를 도구이자 소재로 고른 이유는 "이쑤시개의 뾰족함을 보고 그것이 그녀 몸 안의 어떤 것을 닮았고 (…) 마치 이 뾰족함과 관련된 어떤 것을 내면에 공유하는 듯" 느꼈기 때문이다.[39] 또한 뤄쓰룽은 중국 장례식에서 흔히 볼 수 있는 금박지와 은박지를 잘라 붙여 그림을 완성하기도 했다. 그녀의 생각은 이랬다. "이것도 그 자체의 물성을 지니고 있는데 꼭 종교나 의식에만 사용할 필요가 있을까? 이걸로 일종의 육교를 만들 순 없을까?"〈선물The Present〉이라는 한 회화 작품은 그녀 자신을 향한 질문을 시각화했다. "자아가 세상에 선물이 될 수 있을까? 누군가가 다른 사람의 삶에 선물이 될 수 있을까? 나는 다른 사람들에게 무엇을 줄 수 있을까?"[40 41] 야외와 실내를 그린 작품들은 보통 강한 색채로 표현되고 그 공간의 강렬한 분위기를 전달한다. 즉 실물을 충실하게 그리기보다 개인의 스타일을 드러낸다. 뤄쓰룽은 자신의 그림에 대해 이렇게 말한 바 있다.

> 이런 파란색은 쓸쓸하고 우울한 느낌을 전달하기도 하지만 웅
> 대함과 신비를 의미하기도 해요. 제 내면의 쓸쓸함과 웅대함을
> 병치시켰다고 할 수 있습니다. 모두 제 안에 공존하거든요.[42]

뤄쓰룽은 자신의 풍경화에 대해 이렇게 언급하기도 했다.

> 많은 작품들이 실물 그림처럼 보이지만 사실은 직관적 터치예
> 요. (…) 그것들은 절대 물리적 공간에서 제시되는 방식 그대로
> 그려지지 않죠. 저는 그것들을 볼 때 (…) 주관적으로 그리고 직
> 관적으로 (…) 어떤 시각이나 관점을 부여해요. (…) 바로 이런
> 이유 때문에 제 그림에는 저만의 언어, 어떤 독특한 언어, 그리
> 고 제가 사는 세계가 담겨 있습니다.[43]

뤄쓰룽의 말에서 우리는 그녀에게 예술적 표현으로서 회화
란 사물의 외형을 재현하는 데 목적을 두지 않으며, 화가가 자
신과 사물을 연결 짓는 방식을 드러낸다는 것을 알 수 있다. 그
림은 화가가 선택한 대상을 바라보는 강렬한 시선을 표현한다.
그림이 묘사하는 것은 인간의 눈, 즉 주관적인 시점으로 경험
한 대상이다.

그림 1 뤼쓰룽이 이쑤시개로 그린 회화 작품.[44]

그림의 한 장르로서 초상화는 세계 미술사에서 다양한 의미를 지니며, 늘 주관적 의식의 표현만을 뜻하지는 않는다. 하지만 현대미술사에서 자화상은 자의식의 구현이자 자기 인식의 한 방식이라는 생각이 강조되어왔다.[45] 뤄쓰룽은 전통적인 정물화에서 주관적 감상을 강조한 현대 회화의 대가 폴 세잔Paul Cézanne에게서 영감을 받았다. 그녀는 폴 세잔의 미학적 관점에서 깊은 인상을 받았고 이는 주관적인 예술 표현의 공간을 허용하는 계기가 되었다.

폴 세잔은 사상과 창조적 실천에서 무척 일관성을 보였습니다. 우리가 그를 현대미술의 아버지라고 부르는 이유는 (…) 그가 서구 미술의 낡은 틀을 해체하고 초점을 다시 인간에, 즉 무엇을/어떻게 보느냐를 포함하는 주관성에 맞추었기 때문입니다. (…) 그의 정물화를 보면 오렌지들이 앞쪽으로 굴러오고 저쪽에는 물병이 단단히 버티고 있지요. (…) [저는] 여기서 굉장히 많은 것을 깨달았어요.[46]

뤄쓰룽은 자의식을 강조하는 미학적 관점에서 자극을 받아 초상화를 인간과 세계의 대화로 발전시켰다. 초상화 기법은 존재에 관한 사고 과정을 종이 위에 명확하게 펼쳐주었다. 또한 이것은 삶의 경험에 대한 주관적 시각을, 하카 여성을 대변하는 예술 형태의 정체성 발언으로 미학화하고 변환해주는 수단이 되었다. 이제 논의를 심화하여, 뤄쓰룽의 초상화 전략이 종이 위의 이미지에 국한되지 않고 시와 음악과도 긴밀히 연결되어 있음을 보여주고자 한다. 뤄쓰룽의 초상화 전략의 두 번째 차원은 언어적 표현의 형태를 띤다. 시와 가사로 제시되는 이 언어적 표현을 '문학적 초상화 전략'이라고 부를 수 있겠다. 뤄쓰룽이 개인 노트에 적은 질문을 보면 주체의 존재와 감정에 관한 관심이 드러난다.

시란 무엇일까?

그리고 그림, 그것은 무엇일까?

왜, 그리고 어떻게 시를 노래해야 할까? 왜, 그리고 어떻게 그림을 그려야 할까?

내 언어의 기본적인 분위기는 어떠할까?

내가 살아가는 이유, 그리고 이어지는 질문들, 생존의 과정에서 관계에 대한 검토:

나는 한 걸음씩 걸어가는 지혜의 구도자와 같고 매 걸음은 느리다.

창조한다는 것은 자유의 중심에 다가가는 것이나 다름없다.

자유와 사랑은 나를 생존하게 하는 절대적인 힘이다.

창조는 인간이 자기 자신을 열고자 할 때 시작된다.[47]

뤄쓰룽의 시 쓰기는 프랑스 페미니즘 사상과 영국 페미니즘의 선구자인 버지니아 울프Virginia Woolf(1882~1941)의 영향을 받았다. 그녀의 시 서술 방식은 엘렌 식수Hélène Cixous(1937~)가 제안한 "여성적 글쓰기écriture feminine" 이론에서 왔다. 식수는 여성이 자신에 관한 "진실"을 드러내고 여성의 신체와 감정에 관한 서술을 남성적 시각의 통제로부터 해방시키는 새로운 여성적 글쓰기 방식을 제안했다.[48] [49] 식수는 여성들이 자기 자신의 목소리를 글로 쓸 것을 권하며 이렇게 썼다.

여성은 자신에 대한 글쓰기를 통해 그동안 그녀로부터 박탈당했던 신체, 기이한 이방인으로 전시되고 대상화된 신체를 되찾을 것이다. 자신에 대해 써라. 당신 신체의 목소리는 들려야 한다. 그때 비로소 무의식에 잠재된 어마어마한 재능이 샘솟을 것이다. 우리의 나프타는 달러—검은색이든 황금색이든—없이도 온 세상으로 퍼져나갈 것이다. 아직 가치가 산정되지 않은 그것은 낡은 게임의 규칙을 바꿀 것이다.

글을 쓴다는 것. 여성이 본인의 성적 정체성과 맺는 관계, 여성으로서의 자기 존재와 맺는 관계의 회복을 '실현'하고 자신의 타고난 힘을 되찾도록 해주는 행위. 그것은 그녀의 재산, 기쁨,

신체 기관들, 그동안 봉인되었던 광대한 신체적 영토를 그녀에게 돌려주리라. 그것은 그녀에게 죄책감만 주었던 초자아 구조로부터 그녀를 떼어내리라. (…)

또한 여성이 발언 기회를 붙잡고, 그리하여 오랜 여성 억압의 역사 속으로 거대한 파장을 일으키며 진입하는 것을 의미하는 행위. (…) 자신의 의지로 모든 상징체계에서, 모든 정치 과정에서, 자기 권리를 주장하고 행사하는 것.[50]

뤄쓰룽은 '여성적 글쓰기'의 논지를 반복하며 이렇게 썼다.

프랑스 페미니즘 사상가 뤼스 이리가레Luce Irigaray(1930~)와 엘렌 식수가 주창한 '여성적 글쓰기'는 차이를 넘어서는 글쓰기 방식을 강조하며, 다층적이고 다양하고 유려하며 존중이 담긴 여성적 언어를 모색한다. '여성적 글쓰기' 전략은 여성의 신체와 욕망을 강조한다. 젠더 이분법으로 분리된 차이를 바라보고, 감각적 표현, 히스테리, 모성의 기쁨, 광기 등 여성의 체험을 표현하며 (…) 그것들은 여성의 신체에 뿌리를 두고 있다. '여성적 글쓰기'의 전략은 말장난, 유쾌한 자유, 사변적인 픽션의 언어를 추구하며 (…) 남근 중심 문화의 상징체계를 극복할 여러 방법을 모색한다. 여성성은 흐름 속에 있는 상태다. 그러한 조건에 처한 모든 사람은 결과나 결론이 아니라, 인간의 신체, 감각, 사

고 안에서 펼쳐지는 과정, 그리고 개인의 몸이 사회 및 자연과
연결되는 방식에 관심을 가진다.[51]

뤄쓰룽의 노트에는 버지니아 울프가 페미니즘 평화 운동을
옹호하며 『3기니 *Three Guineas*』(1938)에 쓴 유명한 문구도 인용되
어 있다. "여성인 나는 조국이 없다. 여성인 나는 조국을 원하
지 않는다. 내 조국은 전 세계이기 때문이다." 뤄쓰룽은 이러한
사상들을 바탕으로 자신의 문학적 초상화 전략을 구축했고, 이
것을 "여성적 방문"이라고 명명했다. 이는 여성의 경험, 여성의
신체, 여성의 비고정적 실존을 표현하는 기법들과 잘 맞물린
다.[52]

여성적 관점에 입각한 신체, 감각, 체험의 글쓰기라는 뤄쓰
룽의 문학적 초상화 전략은 그녀의 음악 창작에서도 매우 중
요하다. 여성성이라는 주제와 관련된 그녀의 세 음반—《에브
리데이》(2007),《꽃들이 손짓하다》(2011),《모어 댄 원多一個/More
than One》(2015)—에는 뤄쓰룽의 여성적 경험이 가사에 녹아 있
으므로, 이 곡들은 '여성적 글쓰기'라는 수단으로 하카 여성의
목소리를 드러낸다고 할 수 있다. 다음 장에서는 뤄쓰룽의 음
악적 초상화 전략으로 초점을 옮겨 몇 가지 사례를 분석함으
로써 어떻게 그녀의 곡들이 음향 구성과 의미 표현으로서 하카
여성성을 제시하고 이해하는 방식을 재정의하는지 탐색하고자

한다.

지금까지 회화와 시에 드러난 뤄쓰룽의 초상화 전략을 살펴보았다. 현대미술과 페미니즘, 특히 프랑스 문화와 사상으로부터 받은 중대한 영향은 뤄쓰룽이 하카 여성을 대변할 자신만의 방식을 확립하는 데 강력한 동력으로 작용했음을 알 수 있다. 그녀는 하카 여성의 존재를 세상에 드러내기 위한 자신의 접근 방식을 "여성적 방문"이라 명명하고 하카 여성성을 정확히 표현할 예술 행위를 지속적으로 모색했다. 이제 뤄쓰룽의 음악적 초상화 기법으로 논의의 초점을 옮길 것이다. 이를 통해 뤄쓰룽이 대만의 다양한 여성 민족 공동체에 다가가기 위해 문학적 초상화 전략의 한계를 더 멀리까지 밀어붙였을 뿐만 아니라, 하카 음악 문화에서 가장 오래되고 대중적인 형식 중 하나인 산거를 재발견했으며, 이렇게 민족에 기반하고 여성을 강조하며 문화적 기원이 모호한 음악적 도식schema을 구축함으로써 하카 여성성 표현에 혁신적으로 기여했음을 살펴보고자 한다.

하카 여성들의 인식은 현대 여성 개인의
자아 성찰과 표현을 통해 드러나며
점차 특정한 민족의 성격에서 벗어나
더욱 보편적인 이야기로 바뀐다.

뤄쓰룽의
음악적 초상화 전략

이제 음악적 초상화 전략에 초점을 맞춰, 현대적 맥락 속에서 하카 여성성을 수행하고 재구성하기 위한 소재이자 방편으로서 그녀의 음악을 살펴볼 것이다. 뤄쓰룽은 아버지의 시를 읽은 경험을 바탕으로, 모어인 하카 언어를 이용해 자신의 감정을 노래하는 방법을 모색하고 발전시키기 시작했다.[53] 그녀에게 이런 방식의 노래는 "그동안 쌓아온 수많은 기억과 감정, 내 어린 시절의 기억을 떠오르게 했다"고 한다.[54] 나중에 그녀는 직접 시를 쓰고 그 시와 기타를 이용해 곡을 만들었다. 음반 녹음을 할 무렵, 그녀는 기타리스트 황위찬黃宇燦, 블루스 기타리스트 데이비드 첸David Chen, 하모니카 연주자 코너 프런티Connor Prunty, 첼리스트 천주후이陳主惠, 코코넛 피들 연주자 쉬무전徐木珍 등 여러 대만인, 미국계 대만인, 아일랜드인 뮤지션을 소개받는다. 이들과의 협업을 통해 뤄쓰룽 음악의 통합적 스타일이 서서히 그 모습을 드러냈고, 하카 민요, 재즈, 블루스, 중국 현대음악을 아우르는 다양한 장르 조합이 탄생했다.

뤄쓰룽의 노래를 특정 장르의 요소만으로 정의되는 단일 스타일로 요약하기란 아주 어렵다. 그녀의 음악 스타일은 곡마다 다르다. 일반적으로 말해, 가장 두드러지고 반복적으로 등장하는 특징은 하카 언어로 내뱉는 흥얼거림, 반음계적이고 자유로운 리듬의 노래, 기타와 하모니카의 블루스 그루브, 종종 등장하는 하카 취파이, 서양 민속 타악기의 사용 등이다. 뤄쓰룽과 동료 뮤지션들은 이러한 요소를 그들만의 방식으로 뒤섞었고, 아프리카계 미국, 유럽, 하카 문화에서 출발한 여러 민속음악 전통이 통합된 스타일을 완성했다. 몇몇 곡에서는 5음계 멜로디, 표준 중국어, 경극 창법 등 중국 문화의 영향을 받은 대만 현대음악의 요소를 차용하기도 했다. 그녀의 다양하고 유연한 스타일은 언뜻 무작위적 선택의 결과물로 보일 수 있다. 나는 뤄쓰룽과의 개인적인 인터뷰와 그녀의 노래 분석을 통해, 이것이 실은 다양한 문화 간의 대화와 깊은 고민을 거쳐 완성되었으며 하카 여성의 자아를 비전통적인 방식으로 표현한다는 것을 알게 되었다.

뤄쓰룽과 동료 뮤지션들. 왼쪽부터 황위찬, 뤄쓰룽, 천주후이, 데이비드 첸, 코너 프런티.

이론적 관점에서 뤄쓰룽의 노래는 하카 여성의 '교차로 crossroad'—문화적 충돌과 정체성 재정립의 지점—를 의미한다. '교차로'는 조지 립시츠가 아이티 음악 그룹 부크맨 엑스페리언스Boukman Eksperyans의 노래 〈위험한 교차로Dangerous Crossroad〉에서 차용한 용어다. 이 곡에서 사람들은 문화가 충돌하는 역사적 순간에 자신의 존재를 평가하게 되고, 아이티의 맥락에서 부두교의 은유를 통해 대중을 대신하여 군사적 패권을 비판한다. 립시츠가 쓴 동명의 저서에서 교차로는 문화가 뒤섞이는 순간에 여러 국적의 사람들이 다문화적인 표현 방식으로 기존의 정체성을 수정하고 새로운 정체성을 확립하는 공간으로 묘사된다.[55]

현대적 문명은 20세기 대만에 많은 변화를 가져왔다. 대만의 하카 여성은 이러한 변화에 어떻게 반응했을까? 그들은 변화의 시기에 스스로를 어떻게 이해했을까? 뤄쓰룽의 노래는 이러한 질문에 대한 대답이라고 할 수 있다.

뤄쓰룽은 자신의 음악에서 하카 전통과의 연관성을 강조하기 위해 "모어"(언어), "하카 음악의 어머니"(라오산거), "하카 문화의 어머니"(전통적인 하카 여성) 등 '어머니'의 은유를 자주 사용한다. 그녀는 이렇게 말했다. "처음 '하카 음악'에 빠져들 무렵, 저는 최대한 어머니의 언어로 많은 것을 표현하려고 했고, 제게 산거를 불러줄 하카 노인들을 찾아다니며 가사를 수집했어요. 저는 현대를 살고 있지만 전통과 단절되어 있다고 느끼지 않아요."[56] 새로운 하카 여성의 정체성 형성 과정은 이러한 본질주의적 요소에만 의존하지 않았다. 그 과정은 훨씬 더 복잡하며 전통은 그 속에서 그저 한 부분을 차지할 뿐이었다.

뤄쓰룽은 산거를 하카의 가장 독특한 문화유산으로 볼 수 있다고 지적했다.[57] 하카 음악 전통의 한 갈래인 산거는 특정한 노래를 지칭하는 말이 아니며 여러 취파이와 그것을 부르는 방식을 의미한다. 취파이는 보통 뼈대만 갖춘 멜로디이므로, 산거를 부르는 사람이 일단 어떤 취파이에 익숙해지면 리듬의 흐름과 음표 간의 틈새를 본인의 필요에 따라 채워 넣고 가사도 바꿀 수 있다. 문화적 행위로서 산거 가창은 소리 형태의 문화적 틀을 인정하고 수용하는 것을 의미한다. 산거 가창에 창의성과 자유로운 표현이 장려되긴 하지만, 그것은 오직 틀 안에서 이루어지는 게임이기 때문에 제한적일 수밖에 없다. 하지만 이전의 관례와 달리, 뤄쓰룽의 노래에 쓰인 산거는 하카 전통과의 가교 역할을 하면서도 완전히 새로운 의미를 지닌다.

산거, 전략적 반본질주의의 표현

뤄쓰룽의 노래에 산거는 어떤 방식으로 등장할까? 그녀의 몇몇 노래에서는 하카 취파이의 멜로디 패턴이 명확히 식별된다. 하지만 노래 전체를 들어보면 이러한 취파이는 많은 면에서 전통적인 취파이와 다르다는 것을 알 수 있다. 대표적인 사례는 뤄쓰룽의 〈에브리데이〉이며, 이 노래는 같은 제목의 1집 앨범에 수록되어 있다(그림 2).

〈에브리데이〉는 자유로운 리듬, 흥얼거리는 보컬, 하카 전통 현악기를 이용해 라오산거라는 잘 알려진 대만 하카 취파이를 들려준다. 가사는 세상의 변화가 자신의 일상에 영향을 미치는 것을 인식하며 혼란스러워하는 한 여성의 독백이다.

매일 아침, 새벽빛이 비스듬히 들어온다
나는 그 형태를 알 수 없다
내 몸은 세상에서 출구를 찾을 수 없다
내가 누군지 잊은 것처럼 당혹스럽다
아, 이것은 어떤 세상인가?
이것은 어떤 세상인가?

아기처럼 잠든 어린 소녀를 보면서

그림 2
뭐쓰룽의 1집 앨범《에브리데이》의 커버에는 그녀의 자아 정체성이 반영된 자화상이 그려져 있다.

내 세계는 평온하고 우아해진다

지붕 아래 오렌지꽃 향기가

내 마음을 간질여 갑작스러운 변화를 일으킨다

매일 기적 같은 꿈을 꾸는 아이처럼

매일 기적 같은 꿈을 꾸는 아이처럼(저자의 번역).

　이 곡의 2절에서 라오산거는 스윙 분위기의 3박자 리듬으로 바뀌고 첼로 반주가 끼어든다. 이 모든 요소와 표현에 대만 민요, 아프리카계 미국 민요, 현대음악이 중첩된다. 이 노래는 전통 하카 취파이를 '이질적' 사운드 요소와 결합함으로써 하카 문화의 전통성과 본질주의를 초월한다. 더군다나 여기서는 산거에 새로운 의미가 부여된다.

　뤄쓰룽은 라오산거에 대해 이렇게 설명했다.

　　라오산거에 포함된 자유로움과 챈팅chanting, 분위기와 예술적 표현은 순전히 예술가에게 달렸어요. (⋯) 그냥 표현하세요. 어디로 향할지 (⋯) 그는 자라고 싶을 때 자랄 것이고, 멈추고 싶을 때 멈출 것입니다. 이 자유와 즉흥성, 제가 알기로 이것은 하카 사람들이 일을 마치고 피곤함을 느낄 때, 조금 쉬고 싶을 때 자신의 내적 감정과 기분을 드러내는 방식과 관련이 있습니다.[58]

이러한 발언을 통해 라오산거는 많은 하카 취파이 가락 중에서 엄격함과 제약성이 덜하다는 이유로 선택되었으며, 라오산거의 여백이 주관적 표현을 가능하게 한다는 것을 알 수 있다. 뤄쓰룽은 이렇게 설명했다. "라오산거는 다른 산거 곡조에 비해 노래 길이에도 많은 여지를 제공합니다. (…) 따라서 이 곡은 주관성을 최대한으로 끌어 올릴 수 있죠."[59]

뤄쓰룽은 〈에브리데이〉의 1절에서 라오산거를 유연한 리듬으로 들려주며 문장이 끝날 때마다 길게 틈을 둔다. 그러다 2절에서 라오산거는 전통과는 거리가 먼 스윙 분위기의 박자로 바뀐다. 이로 인해 이 취파이는 서구 재즈와 댄스 그루브의 음악으로 변신한다. 더욱이 보컬은 흥얼거림crooning—노예와 민중의 진한 감정인 소울soul을 강조하는 기법—같은 블루스의 표현 기법을 이용해, 이 세상과 자신의 존재에 관한 한 여성의 독백을 들려준다. 이는 블루스의 내레이션과도 유사한 접근법이다. 이러한 기법은 하카 여성과 산거의 관계가 바뀌었음을 암시한다. 이제 가수는 단순히 멜로디 공식을 따르는 것이 아니라, 자신의 주관성과 현대 문화와의 연결성을 탐색하고 주어진 틀 안에서 구조적 변화를 꾀하는 능력을 보여줘야 한다. 결과적으로 산거는 가부장적인 표현의 틀에서 여성의 주체성 탐색을 위한 기반으로 바뀐다.

뤄쓰룽의 시각은 다음과 같다. "표준화되고 정형화된 산거는 근본적으로 본질을 상실했다고 볼 수 있습니다. (…) [산거는] 대중을 기쁘게 하거나 남에게 들려주기 위한 노래가 아닙니다. 그건 자기 위로의 한 방식이자, 감정이나 영혼과 관련된 무엇입니다. 그것이 산거의 핵심이죠." 이것은 음악 비평이지만, 여성 문화의 실존에 관한 질문으로도 확장될 수 있다. 사회규범의 요구와 대중의 선호도를 만족시키면서 자신의 진심을 이야기할 방법이 있을까? 다시 말해, 그녀는 본인의 심정을 직접적으로 드러낼 수 없는 상황에서 주체성에 관한 고민을 강조하기 위해 전통적인 하카 여성으로서의 정체성을 숨길 방법을 찾아야 한다. 조지 립시츠에 따르면 이것은 "진정한 자기 모습을 효과적으로 드러내기 위해 본인을 다른 사람인 것처럼 표현하며 본인이 속하지 않은 그룹과의 자기 동일시를 수반하는 (…) 전략적 반본질주의"에 해당한다.[60]

뤄쓰룽의 많은 노래에는 산거와 블루스의 표현, 혹은 산거의 블루스화化를 통한 전략적 반본질주의가 잘 드러나 있으며, 특히 1집과 2집 앨범에서 그러한 경향이 두드러진다. 하카 산거와 블루스는 공통적으로 반음계 멜로디와 즉흥적인 기술을 많이 이용한다. 따라서 두 음악 체계 간의 벽은 그다지 높지도 견고하지도 않다. 민요와 블루스의 관점에서 뤄쓰룽은 다음과 같이 설명한다. "서구의 정확한 음정이 아닌 울적한 속삭임이 감정의 미묘함을 더 잘 표현할 수 있다." 개념적이고 이론적인 단

계에서 이 노래들은 자유로운 반음계 가창으로 표현되며 이것
은 블루스화로 이어진다. 덕분에 뤄쓰룽은 취파이라는 음악 형
태의 문화적 결정론에서 벗어날 수 있고, 정확한 음정을 요구
하는 대만 현대음악의 기준을 따를 필요도 없다. 따라서 뤄쓰
룽은 자신의 감정을 탐험할 여지를 더 확보하게 된다. 동시에
그녀는 기타와 하모니카를 비롯한 악기와 음악 편성을 통해 하
카 음악을 "더욱 블루스에 가깝도록" 만들고, 이를 통해 가사에
표현된 다양한 주체의 경험을 부각시킨다. 앞서 〈에브리데이〉
의 분석에서 언급했다시피, 블루스는 고통받는 민중의 정서와
주체적 의지, 감정을 효과적으로 드러낼 수 있는 장르이며, 뤄
쓰룽으로 하여금 어머니의 문화에서 파생된 창법을 완전히 버
릴 것을 요구하지도 않는다. 아프리카계 미국인의 음악적 표현
기법을 차용함으로써, 대만의 하카 여성들은 그들의 사회적 정
체성과 자기 의지에 관한 고민을 더욱 분명히 드러낼 수 있게
된 셈이다. 이 과정에서 하카 여성들은 문화적 규범에 순응하
고 수동적으로 반응하는 존재에서 자기 자신을 탐험하는 존재,
자신의 실존을 고민하는 존재로 발전한다.

두 번째 단계에서 하카 노래의 블루스화는 하카 여성과 현
대 대만의 대중문화, 그리고 해외 음악 시장과의 장벽을 허무
는 역할을 한다. 이 전략은 미국 뉴올리언스의 흑인음악에 대
한 립시츠의 해석과도 일맥상통한다. 립시츠에 따르면 흑인음

악에서는 아프리카 여러 지역의 현지 문화와의 연관성이 강조되며 이를 통해 "마이너 문화가 글로벌 메이저 문화"로 도약하게 된다.[61] 뤄쓰룽의 경우, 하카 여성들은 블루스를 통해 자신을 드러냄으로써 고립된 주변부를 벗어나 민족성을 초월한 글로벌 네트워크로 진입하게 된다. 이러한 연계성은 다른 지역의 하카인들과의 동맹이 아니라, 피착취계급 간의 동질감을 강조함으로써 얻어진다. 이는 하카 여성도 대표적으로 고통받는 집단 중 하나이기 때문이다. 하지만 동시에 스튜어트 홀과 패디 워넬Paddy Whannel의 저서에 따르면 현대사 속의 블루스는 두 가지 측면에서 문화적 중요성을 드러냈다. "블루스는 미국 흑인 민요의 심장이자 상업 재즈의 영혼이다."[62] 이 음악은 민중 착취의 역사에서 출발했지만, 현대사회로부터 배척당하지 않았다. 오히려 블루스는 현대사회에 중요한 영향을 끼쳤고 자유의 상징으로 남았다. 산거를 블루스로 구현하고 하카 언어로 블루스를 노래함으로써, 하카 여성들은 그들의 고유한 색채를 잃지 않으면서 현대 문화의 일부로 편입한다. 동시에 그들은 새로운 자기 정체성이 블루스 뮤지션들과 연관이 있다는 점을 강조하며 표현의 자유를 만끽하고 시대의 흐름에 동참한다.

　세 번째 단계는 가사의 측면이다. 뤄쓰룽은 블루스 양식 덕분에 한결 수월하게 사운드 표현과 주관적 경험의 관계에 정당성을 부여하고, 고통을 강조하고, 고난에 항거할 수 있게 된다.

그녀는 이렇게 말했다. "블루스는 무대를 위한 노래가 아니고, [다른 사람을 위해] 부르거나 공연하기 위한 음악 형태가 아니에요. 그건 온전히 실존을 위해 만들어졌어요. 블루스는 하카 산거와 아주 비슷하죠. 피로, 억압, 불만, 머뭇거림, 혹은 삶에 대한 한숨, 이 모든 것이 산거 안에 있어요. (…) 저는 노래의 핵심으로 돌아가고 싶어요. 우리는 무엇 때문에 노래하는 거죠?[63] 그녀의 노래는 일상의 사건, 문제, 삶의 단면을 묘사한다. 이를테면, 〈바질의 맛〉은 바질을 통해 연상되는 어머니의 기억을, 〈배가 흔들, 흔들, 흔들〉은 여성의 관점에서 본 에로티시즘을, 〈아무것도 하기 싫어요〉, 〈꽃들이 손짓한다〉, 〈차 마시기〉는 여성이 노동에서 해방되어 보내는 편안한 시간을, 〈새장 밖을 날다〉는 가정 폭력에 대한 여성의 불만을 보여준다(예로 제시된 노래의 원제와 가사는 「부록」을 참고하라). 이러한 노래에는 각기 다른 여성들이 각자의 인생 경험을 들려주는 방식을 통해 드러나는 자아 이미지가 담겨 있으며, 이것은 여성 개인의 실존에 대한 자기 응시로 구성된다. 이러한 관점에서 전략적 반본질주의는 대만 하카 여성들이 정형화된 자아 개념에서 해방되어, 현시대 속에서 자신이 겪는 독특하고 다양한 경험의 묘사를 통해 한층 더 미묘한 자아를 드러낼 수 있도록 돕는다.

립시츠에 따르면, "전략적 반본질주의는 (…) 언뜻 정체성의 유동성을 강조하는 것처럼 보이지만, 실제로는 직접적으로 표현될 수 없는 정체성의 일면을 조명하고 강조하고 강화하는 능력을 기반으로 한 일종의 위장술을 모색한다."[64] 하카 산거의 변형은 하카 여성들이 "자신을 다른 사람처럼 보이게 함으로써 '자신의 진짜 모습에 더욱 가까워지도록'" 돕는다.[65] 블루스의 렌즈를 이용하면 하카 여성들이 중요하게 여기는 그들의 무시받고 배척당하는 일면들은 더욱 선명하게 드러난다.

노래 가사로 여성 주체를 묘사하다

뤄쓰룽의 노래가 여성 주체를 묘사하는 방식을 다른 측면에서 살펴보기 위해, 노래 가사의 내레이션과 여성적 글쓰기의 관계를 간단히 짚고 넘어가고 싶다. 그녀의 세 앨범―《에브리데이》,《꽃들이 손짓한다》,《모어 댄 원》―에 수록된 노래 가사는 각각 다른 배경을 지니고 있다. 뤄쓰룽은 앨범의 주제를 정해놓고 거기에 맞는 노래를 만들지는 않는다고 말한 적이 있다. 대신에 일상에서 영감을 얻어 노래를 미리 만들어놓은 후, 앨범에 수록할 만한 곡을 나중에 고른다고 했다.

첫 앨범 《에브리데이》는 하카 여성으로서 뤄쓰룽의 일상 경험을 다양한 관점에서 보여준다. 이는 딸, 엄마, 현대사회의 이민자, 혹은 남성의 시선이나 사회규범으로부터 자유롭고 싶은 여성의 관점을 의미한다(「부록」의 해설을 참고하라). 2집 앨범《꽃들이 손짓한다》는 하카 마을에서 레지던시 프로그램에 참여한 경험을 바탕으로 완성되었다. 이 벽촌의 나이 많은 하카 여성들 대부분은 한 번도 고향을 떠난 적이 없고 현대 도시 문명을 경험하지 못한 사람들이었다. 뤄쓰룽은 이러한 현실에 충격을 받아, 자신의 앨범을 통해 하카 여성들과 현대적 맥락을 연결해줄 방법을 찾기로 마음먹었다. 내가 이 책의 도입부에 소개한, 뤄쓰룽의 노래가 불러일으키는 놀랍고도 불가해한 감정에 관한 음악 해설은 대부분 이 2집 앨범에 대한 반응이다. 3집 앨범《모어 댄 원》에서 뤄쓰룽은 다양한 민족적 배경을 지닌 현대 대만 여성 시인들의 시를 수집해서 엮었다. 여기에는 희생, 갈망, 평온, 호기심을 비롯해 여성의 자아와 관련된 다양한 측면이 담겨 있다. 이러한 내러티브는 여성의 경험에 많은 관심을 기울인다는 면에서 여성적 글쓰기의 요구를 닮아 있으며, 광범위하고 집단적이고 초超민족적인 관점에서 대만 하카 여성의 새로운 비전을 제시한다. 이 비전은 한편으로는 하카 여성을 정의함에 있어 자기 이해의 중요성을 강조한다. 다른 한편으로는 여성의 경험에 담긴 문화적 공통성을 통해 하카 여성을 정의하고 절대적인 민족적 구분에서 멀어질 수 있는 가능성을 보여줌으로써, 하카 여성들에 관한 이해가 다른 대만 여성들에 관한 이해와 맞닿도록 한다.

가사에 드러난 여성 캐릭터들은 뤄쓰룽의 음악적 초상화 전략에서 중요한 역할을 한다. 1집부터 3집까지 전체를 살펴보면, 하카 여성들의 인식은 현대 여성 개인의 자아 성찰과 표현을 통해 드러나며 점차 특정한 민족의 성격에서 벗어나 더욱 보편적인 이야기로 바뀐다는 것을 발견할 수 있다.

리시아 피올 마타는 푸에르토리코 여성 가수들에 관한 연구를 통해 대중음악 속 여성 싱어송라이터에 대한 관점을 제안했으며, 이 가수들과 그들이 속한 그룹에 가해지는 젠더 규범에 대한 비판으로서 이들의 목소리를 강조했다.

> 목소리에 관한 지배적인 개념, (고상한 음악교육학에서처럼 목소리를 악기로만 인식하는 등의) 특정한 인식과 (가수는 개념적 사고가 아니라 즉흥적인 솜씨로만 노래할 것이라는 만연한 생각 등의) 관습에서 한발 물러나 (…) 수행하는 목소리를 대상(수행 중인 사유하는 목소리)으로 분리하는 동시에, 생각의 촉발제(마르틴 하이데거Martin Heidegger의 논문 「사유란 무엇인가?Was heisst Denken?」에 나타난 사유하는 목소리)로서 목소리 연구를 발전시킨다.[66]

이러한 견해는 노래를 작곡가의 의도와 지시만을 따르는 행위로, 즉 가수를 악기로 받아들여서는 안 된다는 것을 상기시킨다. 가수는 악기가 아니라 자신의 마음속에 담긴 무언가를 전하는 사람이므로 생각의 전달자로 인식해야 한다. 따라서 여성 공연자는 객체가 아니라, 노래의 표현은 물론 음악, 여성, 사회의 폭넓은 대화에 참여하는 의식적인 주체로 보이고 들려야 한다.

이런 방식의 노래는 여성을 억압하는 힘에 개입하고 저항하는 메시지를 전달한다. 이는 리시아가 강조한 "시대의 문화적 순간에 대한 응답으로서 — 의식적으로 혹은 무의식적으로 — 의문을 제기하고 해답을 들려주는 [가수의] 커리어 속에 존재하는 사유하는 목소리"와도 일맥상통한다.[67] 이런 관점에서 뤄쓰룽의 노래는 음악인 동시에 견해로 받아들여야 한다. 그녀의 목소리는 하카 여성성을 이미 알려지거나 고정불변한 것, 선험적인 것으로 인식하기를 거부한다. 대신에 그것을 의식적으로 발견하고 다듬어가야 할 대상으로 상정하고, 하카 여성의 무시당하고 억압받고 탄압받고 착취당하는 일면을 조명한다. 그녀의 노래에는 여러 질문이 담겨 있다. 산거는 무엇이며 하카에게 그것은 어떤 의미인가? 하카 여성이 스스로를 위해 무엇을, 어떻게 노래할 수 있을까?

뤄쓰룽은 노래에 대해 이렇게 말을 했다. "음악은 도구가 아닙니다. 우리는 우리의 애정을 표현할 필요를 느끼기 때문이죠. 그것이 우리가 노래하는 이유입니다."[68] 우리가 하카의 표지를 더 이상 찾으려고 애쓰지 않을 때, 비로소 현대 하카 여성의 목소리가 서서히 들리고 식별될 수 있을지도 모르겠다.

      이 책에서 나는 대만 하카족을 소수 집단으로 언급하는 것을 의도적으로 피했다. 인구 측면에서 봤을 때 그들은 대만 사회에서 소수가 아니기 때문이다. 하지만 정치 세력 변화와 다른 여러 이유에서 하카족은 20세기 대부분 기간 대만 사회의 주변부에 머물렀으며, 하카 여성은 물론 하카족 전체에 대한 대중의 상상력은 제한적이었다.

  뤄쓰룽의 여성 의식 출현을 추적하고 하카 여성성 정의와 관련된 예술적 창조의 접근 방식을 해석함으로써, 나는 그녀가 비판적이고 생각을 유발하는 목소리를 재현한다고 주장했다. 프랑스 현대미술과 페미니즘 사상—특히 폴 세잔의 주관적 관점에 관한 견해와 엘렌 식수의 "여성적 글쓰기" 개념—의 영향을 받아, 뤄쓰룽은 하카 여성성의 예술적 표현과 탐구를 위한 자신의 방식을 개척했다. 나는 주관적 의식과 주관적 표현에 관한 이런 생각들이 뤄쓰룽의 초상화 전략 형성에 상당한 영향을 미쳤다고 생각한다. 이 초상화 전략은 그림, 시, 음악을 통해 하카 여성을 표현하기 위한 다양한 가능성을 모색한다. 뤄쓰룽의 예술 활동 속에서 초상화 전략은 여성 주체들을 탐구하고 정의하는 과정과 노력을 의미한다.

음악의 경우, 이처럼 주체를 강조하는 관점은 뤄쓰룽이 두 가지 항목, 즉 하카 여성에 관한 이미지와 음악 활동에 반기를 들 수 있도록 했다. 이것은 하카 사회의 가부장적 견해와 대만의 주류 관점에 의해 이전까지 거의 고정된 이미지로 굳어 있었다. 뤄쓰룽의 음악적 표현은 조지 립시츠의 "전략적 반본질주의" 개념을 통해 이해할 수 있다. 다시 말해, 뤄쓰룽이 하카 민요와 서양 블루스를 창의적으로 "오용·misuse"해 자신만의 통합적인 스타일을 완성했다는 것이다. 이 독특한 사운드는 하카 음악을 현대적이고 다민족적인 방식으로 포장함으로써 그녀의 하카 여성성을 위장한다. 더욱이 이 새로운 스타일은 기존의 사회적 이념이나 문화적 패턴보다는 주체의 감정과 경험을 강조한다. 이것은 하카 여성들이 일상으로 돌아가 자신들, 혹은 자신들과 관련된 것들의 다양한 의미를 재발견할 수 있도록 돕는다.

한 평론에 따르면, 뤄쓰룽의 노래는 하카 여성에게 강요되는 사회적 규범에 대한 다차원적인 도전으로 묘사된다.

> 뤄쓰룽의 음악은 젠더, 애정, 나이, 가족과 관련된 전통적인 사
> 회적 규범에 반기를 든다. 하카 음악을 뿌리로 삼고 미시시피 블
> 루스의 톤과 색깔을 잎으로 삼아 완성된 그녀의 노래들은 들판
> 에 자유롭게 핀 꽃들과 같다.[69]

닐 래저러스Neil Lazarus는 다음과 같이 지적했다. "세계음악
을 하나의 대화처럼 감상하는 것은 (…) 나에게 분명 체제 전복
적인 일처럼 느껴진다."[70] 현대 대만의 하카 여성들에게 자신을
정의하는 것은 단순히 전통적인 젠더 견해의 권위 속에 갇히느
냐, 혹은 현대사회의 아웃사이더라는 인식을 받아들이느냐의
문제가 아니다. 이 권력관계는 다층적이다. 하카 여성들은 민
족적, 국가적, 문화적 경계를 뛰어넘어 지배 세력의 다양한 중
심들을 향해 목소리를 내야 한다. 아마도 뤄쓰룽의 노래가 하
카 여성성 재정의와 관련해 보여준 가장 값진 측면은, 개인과
집단의 변화하는 감정을 진짜 목소리로 받아들이고 거기에 귀
기울여야 한다고 주장하는 그녀의 진지한 태도일 것이다.

주

1   Butler, Judith. *Gender Trouble: Feminism and the Subversion of Identity*. New York and London: Routledge, 1990, 25.

2   http://frootsmag.com/froots-reviews-index-l.

3   馬世芳, 2011.

4   鴻鴻, 2011.

5   翁嘉銘, 2011.

6   黃粱, 2011.

7   馬世芳, 2011.

8   翁嘉銘, 2011.

9   邱大立, 2011.

10 張鐵志, 2011.

11 Lipsitz, George. *Dangerous Crossroads: Popular Music, Postmodernism and the Poetics of Place*. New York: Verso, 1997, 205.

12 Arjun Appadurai. "Disjuncture and Difference in the Global Cultural Economy." *Public Culture* 2(2)(1990), 7.

13 (옮긴이) 이들이 사용하는 언어인 하카어는 일찍이 중원에서 쓰였을 것이라 생각되는 고대 북방 중국어의 일종으로, 그 때문에 숫자의 발음 등이 현재의 일본어 독음

에 가깝다는 설도 있다.

14 Constable, Nicole. *Christian Souls and Chinese Spirits: A Hakka Community in Hong Kong*. Berkeley: University of California Press, 1994; Lin, Cheng-hui. *Exploring the Shaping Progress of Taiwan-Hakka: Since the Ching Dynasty*. Taipei: National Taiwan University Press, 2015.

15 Cheng, Huei Mei. "A Comparative Study of the Hakka Women's Clothing, *Dajinshan*, in Southern and Northern Taiwan: An Object-centered Analytical Study of the Late Qing Dynasty and Early Republican Era to the Early Postwar Period." *Taiwan Historica* 58/2(2007), 167-214.

16 *Ibid*.

17 Watson, Rubie S. "Chinese Bridal Laments: The Claims of a Dutiful Daughter." *Harmony and Counterpoint: Ritual Music in Chinese Context*. Bell Yung, Evelyn S. Rawski, and Rubie S. Watson eds. Stanford, California: Stanford University Press, 1996, 229.

18 *Ibid*. 패트릭 헤이스Patrick Hase의 1990년 연구에 근거함.

19 *Ibid*., 129.

20 Barthes, Roland. *Mythologies*. London: Cape, 1972, 114-115.

21 Hall, Stuart. "The Spectacle of the 'Other.'" *Representation: Cultural Representations and Signifying Practices*. Stuart Hall, Jessica Evans, and Sean Nixon, eds. London: Sage Publications in association with the Open University, 1997, 247-248.

22 Lo Sirong. "Feminine Writing." 17 May 2018. Taipei: National Chengchi University.

23 Liu, Ying-shiuan. *A Life History of a Female Taiwan Hakka Pop Music Songwriter: The Case of Lo Sirong*. MA Thesis. Taiwan: National Taiwan University, 2011, 94.

24 *Ibid*., 87.

25 *Ibid*., 88.

26 뤄쓰룽 인터뷰(2017. 12. 06).

27 Liu, 2011, 89.

28 Butler, Judith. "Performative Acts and Gender Constitution: An Essay in Phenomenology and Feminist Theory." *Theatre Journal*, Vol. 40, No. 4(1988), 522.

29 *Ibid*.

30 *Ibid*., 519.

31 Butler, 1990, 33.

32 Liu, 2011, 91.

33 *Ibid.*, 100.

34 *Ibid.*, 103.

35 뤄쓰룽 인터뷰(2017. 12. 06).

36 노래시歌詩는 뤄쓰룽이 자신이 쓴 시와 노래를 가리키기 위해 만든 용어다. 이 용어는 그녀의 사적인 글에 자주 등장한다. 가사와 시의 상호 연관성을 강조하고, 그녀의 예술 작품에서 노래와 시가 분리된 개념 또는 범주가 아님을 의미한다.

37 Lo Sirong. "Song, Poem, and Free Writing."

38 Liu, 2011, 134-202.

39 *Ibid.*, 127.

40 프랑스 페미니즘 사상에서 '선물'은 선물하는 사람이라는 주체의 메타포다. 자세한 내용은 다음을 참조하라. Fisher, Claudine. "Cixous' Concept of 'Brushing' as a Gift." *Hélène Cixous: Critical Impressions.* Lee A. Jacobus and Regina Barreca eds. 111-122, The Netherlands: Gordon and Breach Publishers, Judith Still, 1999; "The Gift: Helene Cixous and Jaques Derrida." *Ibid.*, 123-140.

41 *Ibid.*, 126.

42 Liu, 2011, 133.

43 *Ibid.*, 134.

44 *Ibid.*, 127 참조.

45 자화상을 주관성에 관한 고찰 방식으로 보는 현대미술의 예와 관련 정보는 다음을 참조하라. Weiss, Gali. "Diasporic Looking: Portraiture, Diaspora and Subjectivity." *Imaging Identity: Media, Memory and Portraiture in the Digital Age.* Melinda Hinkson ed. Canberra, Australia: The Australia National University Press, 2016.

46 Liu, 2011, 124.

47 Lo Sirong. "Song, Poem, and Free Writing."

48 '여성적 글쓰기' 소개는 다음을 참조하라 V. Andermatt Conley. "Hélène Cixous: Writing the Feminine"(1984). I. Blyth and S. Sellers. "Hélène Cixous: Live Theory"(2004).

49 Cixous, Hélène. "The Laugh of the Medusa." *Signs: Journal of Women in Culture and Society.* Cohen, K. & Cohen, P. trans. 1(4)(1976), 875-893.

50 *Ibid.*, 880.

51 뤄쓰룽의 미출간 노트, 2016.

52 관련 설명은 다음을 참조하라. Liu, 2011.

53 뤄쓰룽 인터뷰(2017. 12. 06).

54 *Ibid.*

55 Lipsitz, 1997.

56 Lo Sirong. "Gazing at the Original Aspiration in the Work of Creation—My Everyday Poems and Songs." 14 May 2010.

57 Lo Sirong. "Feminine Writing."

58 台灣長史物, ep. 21. https://broadcasting.hakka.gov.tw/video/?recordId=87&videoCatalog=342&subCatalog=25&catalog=65 (Accessed on 6 July 2017).

59 뤄쓰룽 인터뷰(2017. 12. 06).

60 Lipsitz, 1997, 205.

61 *Ibid.*, 73.

62 Hall, Stuart and Paddy Whannel. *The Popular Arts*. Durham: Duke University Press, 2018, 89.

63 뤄쓰룽 인터뷰(2017. 12. 06).

64 Lipsitz, 1997, 62.

65 *Ibid.*, 63.

66 Fiol-Matta, Licia. *The Great Woman Singer: Gender and Voice in Puerto Rican Music*. Durham: Duke University Press, 2017, 7-8.

67 *Ibid.*, 7.

68 뤄쓰룽 인터뷰(2017. 12. 06).

69 Ning Er. "Female Song: Swing, Swing, Swing." https://losirong.wordpress.com/tag/寧二/ (2012). (Accessed on 10 June 2018).

70 Lazarus, Neil. *Nationalism and Cultural Practice in the Postcolonial World*. Cambridge: Cambridge University Press, 1999, 224.

참고자료

논문·단행본

Arjun Appadurai. "Disjuncture and Difference in the Global Cultural Economy." *Public Culture* 2(2)(1990), 1-24.

Arjun Appadurai. *Modernity at Large : Cultural Dimensions of Globalization.* Minneapolis, Minn: University of Minnesota Press, 1996.

Barthes, Roland. *Mythologies.* London: Cape, 1972, 114-115.

Butler, Judith. "Performative Acts and Gender Constitution: An Essay in Phenomenology and Feminist Theory." *Theatre Journal*, Vol. 40, No. 4(1988), 519-531.

Butler, Judith. *Gender Trouble: Feminism and the Subversion of Identity.* New York and London: Routledge, 1990.

Cixous, Hélène. "The Laugh of the Medusa." *Signs: Journal of Women in Culture and Society.* Cohen, K. & Cohen, P. trans. 1(4)(1976), 875-893.

Constable, Nicole. *Christian Souls and Chinese Spirits: A Hakka Community in Hong Kong.* Berkeley: University of California Press, 1994.

Fiol-Matta, Licia. *The Great Woman Singer: Gender and Voice in Puerto Rican Music.* Durham: Duke University Press, 2017.

Flores, Juan. "Que Assimilated, Brother, yo soy assimilao: The Structuring of Puerto Rican Identity in the U.S." *Journal of Ethnic Studies* 13, No. 1(1985), 1-16.

Hall, Stuart. "The Spectacle of the 'Other.'" *Representation: Cultural Representations and Signifying*

Practices. Stuart Hall, Jessica Evans, and Sean Nixon, eds. London: Sage Publications in association with the Open University, 1997, 223–290.

Hall, Stuart and Paddy Whannel. *The Popular Arts*. Durham: Duke University Press, 2018.

Lazarus, Neil. *Nationalism and Cultural Practice in the Postcolonial World*. Cambridge: Cambridge University Press, 1999.

Lin, Cheng-hui. *Exploring the Shaping Progress of Taiwan-Hakka: Since the Ching Dynasty*. Taipei: National Taiwan University Press, 2015.

Lipsitz, George. *Dangerous Crossroads: Popular Music, Postmodernism and the Poetics of Place*. New York: Verso, 1997.

Lipsitz, George. *Footsteps in the Dark: The Hidden Histories of Popular Music*. Minneapolis: University of Minnesota Press, 2007.

Liu, Ying-shiuan. *A Life History of a Female Taiwan Hakka Pop Music Songwriter: The Case of Lo Sirong*. MA Thesis. Taiwan: National Taiwan University, 2011.

McGill, Lisa D. *Constructing Black Selves: Caribbean American Narratives and the Second Generation*. New York and London: New York University Press, 2005.

Ning Er. "Female Song: Swing, Swing, Swing." https://losirong.wordpress.com/tag/寧二/ (2012). (Accessed on 10 June 2018).

Watson, James L. and Rubie S. Watson. *Village Life in Hong Kong : Politics, Gender, and Ritual in the New Territories*. Hong Kong: Chinese University Press, 2004.

Watson, Rubie S. "Chinese Bridal Laments: The Claims of a Dutiful Daughter." *Harmony and Counterpoint: Ritual Music in Chinese Context*. Bell Yung, Evelyn S. Rawski, and Rubie S. Watson eds. Stanford, California: Stanford University Press, 1996, 107–129.

Weiss, Gali. "Diasporic Looking: Portraiture, Diaspora and Subjectivity." *Imaging Identity: Media, Memory and Portraiture in the Digital Age*. Melinda Hinkson ed. Canberra, Australia: The Australia National University Press, 2016.

V. Andermatt Conley. "Hélène Cixous: Writing the Feminine"(1984). I. Blyth and S. Sellers. "Hélène Cixous: Live Theory"(2004).

영화

〈차나무산의 사랑 노래 茶山情歌〉(1973).
〈작은 마을 이야기 小城故事〉(1979).
〈나의 고향 原鄉人〉(1980).
〈동동의 여름방학 冬冬的假期〉(1984).
〈유년의 과거 童年往事〉(1985).

음반

《하카 민요집 客家民謠集》(1969).
《라이비샤의 민요 앨범 賴碧霞的民謠專輯》.
뤄쓰룽 羅思容, 《에브리데이 每日/Everyday》(2007).
뤄쓰룽·구마오터우 孤毛頭, 《꽃들이 손짓한다 攬花去/The Flowers Beckon》(2011).
뤄쓰룽·구마오터우, 《모어 댄 원 多一個/More than One》(2015).

TV 인터뷰

台灣長史物, ep. 21. https://broadcasting.hakka.gov.tw/video/?recordId=87&videoCatalog=3
42&subCatalog=25&catalog=65 (Accessed on 6 July 2017).

저자 인터뷰

뤄쓰룽 인터뷰(2017. 12. 06, 2018. 05. 14).

뭐쓰룽의 강연

"Feminine Writing." 17 May 2018. Taipei: National Chengchi University.
"Gazing at the Original Aspiration in the Work of Creation—My Everyday Poems and Songs." 14
    May 2010.

뭐쓰룽의 미출간 노트

"Song, Poem, and Free Writing."
"A Woman's Conversation between her Self and the World."

사진 출처

008~009 weniliou / Shutterstock.com

024~025 liu yu shan / Shutterstock.com

037 Steve Vidler / Alamy Stock Photo

046~047 Frederik Morbe / Shutterstock.com

070~071 topimages / Shutterstock.com

090 liu yu shan / Shutterstock.com

126~127 Richie Chan / Shutterstock.com

뤄쓰룽 음반의 가사/시 해설

1집 에브리데이 每日 / Everyday (2007)

지은이 뤄쓰룽 | 해설 데이비드 첸

1. 아무것도 하기 싫어요 麼介事都毋愛做 / I Don't Want to Do Anything

이 노래는 가정생활에 충실하고 부지런한 하카의 전통적인 이미지를 뛰어넘어, 가정에서의 평온을 갈망하는 현대적인 정서를 담고 있다. 오늘날의 가정생활은 근심을 잊을 수 있을 만큼 홀가분해졌고 조용한 행복의 심장박동에 귀 기울일 수 있게 되었다.

2. 에브리데이 每日 / Everyday

뤄쓰룽은 즉흥적인 창법과 단순한 멜로디를 통해 전통 사회의 성차별이라는 구조적 제약에서 벗어나려는 여성의 생각을 전달한다. 모든 하카 민요의 근원인 하카 산거 장르에 대한 뤄쓰룽의 깊은 경의가 잘 드러난다.

3. 당신 가까이 偎近你 / Close to You

자녀, 가정, 연인, 혹은 어머니를 끌어안기 위해 가까이 다가가는 것은 대부분 사람들의 기본적 욕구이자 염원이다. 누군가에게 다가가는 행위는 기억의 확장이자 감정의 표출이다. 우리는 가까이 다가갈 때에만 서로 끌어안고, 걱정하고, 서로에 대해 깊이 생각할 수 있다.

4. 비 오는 날들 落水天 / Days of Rain

광둥 지역에서 유래한 이 하카 전통 노래에는 장마를 견디는 가난한 남자가 등장한다. 남자는 너무 가난해서 빗물을 막아줄 대나무 모자조차 없고, 여성 파트너를 원하지도 않는다. 그에게는 홀로 조용히 생각에 잠긴 자기 자신밖에 없다. 뤄쓰룽은 이 처량한 남자의 세계로 걸어 들어가 적막함과 비애의 정서를 전달한다.

5. 바질의 맛 七層塔介滋味 / The Taste of Basil

뤄쓰룽에게 하카족이 흔히 쓰는 향신료인 바질은 어머니의 집밥과 여성적인 음陰의 기운과 관련이 있다. 이 노래에서는 열정적인 생각과 기억이 바질 향처럼 번지고 입안을 계속 맴도는 삶의 뒷맛을 남긴다.

6. 집을 떠나다 離家 / Leaving Home

가정은 탄생과 감정의 성소이자 영혼이 묶여 있는 장소다. 전통 사회에서 남자는 자유롭게 꿈을 이루기 위해 집을 떠나지만, 여자가 집을 떠나는 것은 결혼을 해서 새로운 가정에 대한 의무를 이행할 때뿐이었다. 하지만 오늘날은 상황이 변했다. 현대 여성들은 포부를 안고 용기 있게 집을 떠난다. 그들은 불확실함과 변화에 직면해 있지만, 자신의 꿈을 이루기 위해 미래를 기꺼이 받아들인다.

7. 돌아가고 싶지만, 날고도 싶어 想歸想飛 / I Want to Return, but I Want to Fly

비행은 열망을 실현하는 행위를 의미한다. 사람은 높이 날수록 더 높이 올라가고 싶어 한다. 귀향은 그것이 금의환향이든 낙향이든, 아마도 열망의 마지막 단계일 것이다. 그것은 방랑에 대한 욕구가 사그라진 단계, 홀로 사는 법을 배우는 단계다. 이 노래는 현대사회의 많은 이들이 직면한 문제, 즉 비행과 귀향의 기로에서의 선택과 갈등을 담고 있다.

8. 하나의 동전, 스물네 개의 매듭 一個錢打二十四個結 / For One Coin, Making 24 Knots

"현실을 직시하라," "성취하라," "사랑에 빠져라," "결혼하라"…. 오늘날 여성들은 다양한 기대의 불협화음 속에 산다. 이 노래는 개인적 독립과 경제적 독립을 이루었음에도 불구하고, 결혼에 대한 사회적 압력에 시달리는 현대 여성의 이야기를 담고 있다.

9. 사랑의 덩굴나무 藤纏樹 / The Vine Entwining the Tree

이 노래의 제목은 란보저우藍博洲가 대만의 백색테러 시대를 배경으로 쓴 역사소설의 제목과 같다. 이 노래는 소설을 하카 언어로 각색한 무대극을 기반으로 하며, 이 역사적 소용돌이 속에서 기꺼이 목숨을 내던진 사람들의 영혼을 달래는 티베트의 그린 타라 만트라가 담겨 있다.

10. 어머니와 춤을 跈等阿姆跳舞 / Dancing with Mother

노래와 발라드의 역사에서 오랫동안 여성의 몸은 남성이 가진 성욕과 욕망의 대상, 혹은 출산의 도구로 묘사되었다. 이 노래에서 뤄쓰룽은 기존의 관습을 탈피해, 여성의 몸이 무한한 활력과 자기 확신에 찬 영혼의 리듬을 지니고 있다고 말한다. 또한 어머니와 딸의 관계에 관한 질문을 제기한다. 노래 가사가 어떤 힘을 가지고 있다면, 그것은 어머니와 딸이 육체, 관계, 전통적이고 고정적인 역할을 뛰어넘어 서로를 바라보게 할 수도 있지 않을까?

11. 곧 쉰 살이지만 나는 이제 시작이야

捱不過四五十歲定定 / Almost 50, and I've Only Just Begun

현대 대만 여성들은 학업 및 직업과 관련된 바쁜 삶 속에서 성차별과 불평등 문제가 종종 뒷전으로 밀려나는 현실을 경험한다. 이럴진대, 행복한 결혼 생활은 고사하고 사랑에 빠질 겨를이나 있을까? 뤄쓰룽은 갑자기 삶에 대한 열정에 사로잡힌 미혼 여성을 노래한다. 그녀는 거의 쉰 살이지만, 이제 막 젊음이 시작된 것처럼 "나는 내가 스무 살인 것 같다"고 말한다.

12. 미스핏 孤毛頭 / Misfit

놀랍지 않게도, 하카 사회에서 젊은이들의 하위문화는 소외되어 있다. 나이, 가족, 세대를 중시하는 관계 중심의 전형적인 가부장제 사회인 데다, 평범함에서 조금이라도 벗어나면 사회 부적응자로 간주되기 때문이다. 뤄쓰룽은 이 노래에서 영리한 '부적응자'를 연기하며 젊은이의 변덕스러움과 장난기를 유쾌하게 보여준다.

2집 꽃들이 손짓한다 攬花去 / The Flowers Beckon (2011)

지은이 뤄쓰룽 ┃ 옮긴이(하카어를 영어로 번역) 데이비드 첸

1. 배가 흔들, 흔들, 흔들 搖搖搖 / Rock Rock Rock the Boat

당신이 떠난 지 하루, 나는 당신을 그리워한다
당신이 떠난 지 사흘, 그리움에 내 가슴은 찢어진다
당신이 떠난 지 사흘, 나는 정신을 잃어간다
하지만 당신을 보는 순간, 다시 행복하고 편안해진다
부드럽게 흔들, 흔들, 흔들

강가의 버드나무는 봄꽃처럼 매혹적이다
노를 올리고 봄철 홍수를 기다린다
그는 배, 그녀는 물
강물에 유유히 떠 있는 배는
부드럽게 흔들, 흔들, 흔들

모기장 아래에서 장기를 둔다
그는 졸을 움직이고 그녀는 차를 움직인다
그의 포가 발사되자 그녀가 탄성을 지른다
"장군이요!"
흔들─흔들─흔들

2. 아이와 새 細人仔與鳥仔 / The Child and the Bird

달은 커다란 금빛 새
신비한 숲에 둥지를 튼다

한 아이가
어둠 속을 걷는다
유년의 길을 걷는다

별들이 나와 아이를 비춘다
나무가 나타나 아이에게 말을 건다
장난꾸러기 바람은 나직한 자장가를 부른다
아! 거대한 구체처럼
평온은 아이의 꿈속 넓은 평원을 가로지른다

커다란 금빛 새가 날아온다
꿈이 많은 아이가 걸어온다
커다란 금빛 새가 날아온다
꿈이 많은 아이가 깨어난다
날개를 펴고 노래한다
세상의 행복을 위하여

3. 꽃들이 손짓한다 攬花去 / The Flowers Beckon

봄바람이 부는 꽃 핀 언덕
봄의 눈부신 아름다움에
알록달록한 빛깔에 기분이 좋아진다
봄 향기가 우리 가슴속에서 피어난다
꽃들이 손짓한다, 아름다운 꽃들의 바다가!

흔들 다리를 건너 봄 그늘 속으로 들어간다
둑을 쌓은 강둑에 핀 흰 꽃을 즐긴다
바람에 흩날리는 그 섬세한 향기는
우리 마음속의 꽃잎을 간지럽힌다

우리의 시선은 강가의 복사꽃을 향한다
수많은 꽃잎이 강물에 떠내려간다
아, 꽃들이 손짓한다, 아름다운 꽃들의 바다가!

4. 난봉꾼 浪蕩子 / The Rake

방종하고 방탕한 그는 방랑자
난봉꾼
끈 떨어진 연처럼
멈추지 않고 밤낮 떠돌며 여자를 희롱한다

방종하고 방탕한 그는 바람둥이
난봉꾼
진심 없이 여자 뒤만 따라다니며 보낸 인생
그는 홀로 죽는다, 관도 필요치 않다

젊음의 아름다움은 화려한 금빛 옷에 있지 않다
인생과 사랑을 제대로 경험하는 것에 있다
꽃은 피었을 때 따야 하는 법
줄기가 마르고 시들도록 기다릴 게 아니라

아, 삶은 먼지 같아라
날이 맑을지 궂을지도 모른 채
마지막 순간까지 빙빙 돌기만 하네

5. 차 마시기 食茶 / Drinking Tea

주전자가 울고, 주전자가 끓는다

차를 만들 준비가 된 젊은 여자
그녀는 차를 만든다
붉은 빛깔 부리의 작고 검은 직박구리
붉은 빛깔 부리의 작고 검은 직박구리
창턱에 앉아 계속 노래한다
"소녀야… 소녀야…"
차가 나온다

작은 새는 신이 나서 위아래로 뛴다

젊은 남자는 차를 기다린다
젊은 남자는 차를 기다린다
붉은 빛깔 부리의 작고 검은 직박구리
붉은 빛깔 부리의 작고 검은 직박구리
창턱에 앉아 계속 노래한다
"소녀야… 소녀야…"
차가 나온다

6. 눈 깜짝할 사이 一瞬目 / In the Twinkling of an Eye

눈 깜짝할 사이에 아침이 밝는다
눈 깜짝할 사이에 땅거미가 진다
눈 깜짝할 사이에 꽃이 핀다
눈 깜짝할 사이에 나이를 먹는다
아, 인생은 몇 번의 눈 깜짝임인가?
깜짝, 깜짝
당신은 무얼 생각하고 있나?

눈 깜짝할 사이에 친구가 된다

눈 깜짝할 사이에 다시 멀어진다
눈 깜짝할 사이에 황금으로 된 집에 산다
눈 깜짝할 사이에 길거리 거지가 된다
아, 인생은 몇 번의 눈 깜짝임인가?
깜짝, 깜짝
당신은 무얼 하고 있나?

눈 깜짝할 사이에 환희를 느낀다
눈 깜짝할 사이에 분노를 느낀다
눈 깜짝할 사이에 한계를 만난다
눈 깜짝할 사이에 새 희망을 찾는다
아, 인생은 몇 번의 눈 깜짝임인가?
깜짝, 깜짝
우리는 결국 어디로 가고 있나?

7. 잘 자라, 아가야, 잘 자라 心肝子遽遽睡 / Sleep. Baby. Sleep

해가 높이 뜬 하늘
아기는 피곤하고 졸리다
발소리… 내가 왔다, 이제 조용히 하렴
엄마가 왔어, 아가야 쉿
울음을 그치렴
지친 아기는 이제 울음을 그친다

배고프고 목마르지만 물이 없다
아기는 피곤하고 졸리다
엄마는 쉴 틈이 없다, 울음을 그치렴
엄마가 돌아왔어
울음을 그치렴

지친 아기는 이제 울음을 그친다

잘 자라, 아가야, 잘 자라
잘 자라, 아가야, 잘 자라
엄마가 네 꿈속으로 따라갈게
하늘은 맑고 땅은 환한 거대한 세상
아빠가 네 꿈속으로 따라갈게
산과 강을 가로질러
아기는 이제 잠에 빠진다

8. 새장 밖을 날다 飛出籠去 / Flying Out of the Cage

매 맞은 내 얼굴을 본다
역시나 매 맞은 옷장 거울을 통해서
얼굴을 씻을 때마다
수도꼭지에서 흘러나와
배수구로 콸콸 빠져 들어가는 물은
겁먹고 일그러진 내 모습을 떠오르게 한다
세면대 속에서
내가 분열되고 무너지는 것을 느낀다
사냥꾼의 손아귀를 벗어날 수 없는
작고 연약한 한 마리 새처럼

아, 노래하지 않으면 내 심장은 터지겠지!

다른 여자의 남편들은 착한 사람들
하지만 내 남편은 사악한 고양이
이 사악한 고양이가 빨리 죽기를 기도한다
내가, 노래하는 새가, 새장 밖을 날 수 있도록
아, 노래는 마음의 짐을 덜어주는구나!

새장을 벗어나 날고 싶다
바다를 건너 세상의 끝까지
숲과 산을 건너
과거로부터 멀리, 더 멀리

새장 밖으로 날고 싶다
계속 날아가고 싶다
내 미래가 있는 곳
내 비밀 정원이 있는 그곳까지

9. 그러면 좋겠네 望毋得 / Can't Wait

당신이 어서 오면 좋겠네
다시 날 떠난다고 해도
꽃이 어서 피면 좋겠네
언젠가는 시들겠지만
보름달이 어서 차오르면 좋겠네
달은 다시 기울겠지만
당신이 어서 돌아오면 좋겠네

아—
나는 봄의 미소에 흠뻑 젖어 있네
몇 년 세월이 옅은 안개처럼 느껴지네

10. 나의 바람 揖盡想愛 / I Want to

흰 구름에 입질을 하고 있는
물속의 물고기를 본다
흰 구름아, 간지럽지 않니?

흰 구름아, 간지럽지 않니?

한 무리의 동박새들이
숲에서 노래한다

아—
나도 구름 속에서
공중제비를 돌고 싶어
아—
이 멋진 노랫소리를
집으로 담아 가고 싶어

11. 산 노래 山歌歌 / Mountain Song

노래하지 않으면 침울해지고
노래를 시작하면 행복해진다
우리는 기린과 봉황을 노래한다
우리는 밤낮으로 노래한다

산 노래는 큰 목소리로 불러야 하는 법
노래하면 할수록 감정이 폭발한다
산 노래는 바람 같은 것
바람처럼 몸과 마음을 달래준다
산 노래는 강물 같은 것
영원히 흐르고 내 주변을 감싸며
마음속으로, 마음속 깊은 곳으로 흐른다

3집 모어 댄 원 多一個 / More Than One (2015)

1. 작은 섬 小島 / Little Island
지은이 차이완쉬안蔡宛璇

들국화들이 말한다
이건 내 계절이야, 나의 계절
우리가 간다, 바로 그곳으로
5월의 환한 햇살과 습한 공기와 함께

햇볕이 내리쬐는 남쪽의 작은 섬
바람도 없고 꽃도 피지 않은 곳
그곳엔 도시의 시끄러운 소음도 없다
동물들은 말하는 것을 좋아하지 않는다
그들의 갈색 털은 햇살에 빛나고
그 아래에는 피가 끓고 있다

동물들은 말하는 것을 좋아하지 않는다
느낌으로 충분하기 때문이다
가까이 다가오는 여름이
서서히 익어가는 동안

2. 황혼의 노래 暮曲 / Twilight Song
지은이 아윙阿翁

바로 저기, 떨어지는 이슬방울처럼
만개한 꽃들과 봄의 별 너머로
황혼 속에 보이는

젊은 처녀의 실루엣, 허리 옆으로 손을 흔들고 턱을 움직인다
서서히 날이 저물고 지평선에서 뱀이 나타난다

구름 사이로 빛나는 저 외로운 별
바람을 가르며 움직이는 저 우아하고 나른한 뱀
서로를 바라보다가
처녀의 눈빛이 반짝거리고 이내 불꽃이 튄다
물거품이 이는 폭포처럼
시작도 끝도 없는 짙은 밤안개 속에서
저 순수한 흰 별에게 아기의 기쁨이 바쳐진다

3. 조국의 가치에 대하여 關於故鄉的一些計算 / Concerning the Value of One's Homeland
지은이 링위零雨

그 산봉우리들을 오르면
지신地神의 사당을 지나게 된다

여러 개의 사당을 지나면
작은 개울이 나타난다

소나무와 사이프러스 나무 몇 그루를 심으면
울창한 숲에 도착한다

이가 누런 마을 주민 몇 명을 낳으면
그 마을을 볼 수 있다

개울에서 돌 몇 개를 주워
진흙과 함께 섞으면
그것은 집이 된다

그들은 누구였나? 우리의 할아버지였다, 그들은 어른이 되어
개 몇 마리를 데리고 사냥을 갔다
짐승 몇 마리를 어깨에 두르고
시커먼 밤에 산에서 내려와 집으로 왔다

닭 몇 마리가 돌아다닌다
새벽 여명처럼 환한 모습으로
오리 몇 마리는 대나무 바구니를 따라간다
빨래를 할 시간이다

새벽 세 시에 종을 치는 이는 누구였나?
등잔에 불을 붙이는 여자들이었다
콩을 불리고
두부를 만들고
대나무 찜통을 씻고
새해의 떡을 찌는

대나무 잔가지로
열린 창문을 고정시키고
언덕에서 따온 백합으로
방 안을 장식한 건 누구였나?
(백합은 몇 송이나 있었나?)

구름을 잡기 위해, 가을의 포멜로
겨울의 귤을 잡기 위해
몇 개의 산봉우리를 올라야만 하나?

그 보험계리인을 찾아가서
정확한 숫자를 물어보라
조국의 가치는 무엇으로 산정되는가?

4. 모어 댄 원 多一個 / More than One
지은이 아망阿芒

하나 이상은
내 비밀 돼지 저금통이
담아둘 수 없는 것
하나 이상은
내가 요즘 감당할 수 없는 무게
하나 이상
나는 가득 차 있다
나에게는
"나는 먹는다," "나는 걷는다,"
"나는 잔다"가 없다
당신이 아는 나—항아리 속의 나—는
가짜다
그러니 그녀가 하는 말은 믿지 말라
뼈 속의 뼈, 살 속의 살
겹겹이 꽃잎이 잔뜩 달린 장미
정원을 가득 채운 나뭇잎, 윙윙대는 벌
얼마나 큰 산통일지—오, 제발 나는 아니길!

아이를 가져 무거운 몸
몇 시간, 몇 달
몇 년
이것으로부터 태어난 것은 없다
비 한 방울도
단 한 방울도
하늘은 비구름, 모루구름으로 가득하지만
하나 이상의 존재인 것만으로는
하나 이상

하나 이상
교활한 태아
자궁의 자궁 안에 웅크린 채
다른 사람의 삶을 갉아먹는

5. 웃는 꽃 含笑花 / Smiling Flowers
지은이 두판팡거杜潘芳格

웃는 꽃, 웃는 꽃
넌 내 방에 들어왔어
우린 세끼를 함께 먹었지
우린 함께 산책도 했어
생기로 가득한 웃는 꽃

넌 날 부드럽게 안아줬어
내 집은 꽃향기가 마를 날이 없었지
내 집은 사랑이 마를 날이 없었지

6. 내가 말했잖아요 我告訴過你 / I Told You Before
지은이 천위훙陳育虹

내 이마가, 내 머리카락이 당신을 그리워한다고 했잖아요
서로 스치며 지나가는 구름들 때문에 내 목이, 내 귓바퀴가 당신을 그리워합니다
흔들 다리와 밧줄로 엮은 다리를 건널 때의 괜한 불안 때문에, 도시 바깥의 강으로 조용
히 흐르는 바흐 무반주 첼로 곡 때문에
내 눈이, 방황하는 내 눈이 당신을 그리워합니다
벽오동 나무에서 땅으로 미끄러지듯 내려오는 참새들 때문에
깨진 유리 같은 바람 때문에

하루와 하루 사이의 벽 때문에
수면을 원하는 내 모공이 당신을 그리워합니다
내 갈비뼈가 당신을 그리워하고 달빛에 젖어 당나라의 등나무로 변한 내 팔도 당신을 그
리워합니다
뜨거운 커피에 놀란 내 입술이, 빙빙 도는 등잔에 당황한 내 손가락이 당신을 그리워한
다고 분명히 말했었죠
파란 캐시미어처럼 펼쳐진 하늘 때문에
난 당신을 보낼 수가 없습니다

7. 휘황찬란한 달 月華 / Splendid Moon
지은이 장팡츠張芳慈

달빛, 참 휘황찬란하구나
들판 옆의 구불구불한 길을 비추는
달빛, 참 휘황찬란하구나
풍요로운 차밭을 산책하는

달빛, 참 휘황찬란하구나
아이들의 눈을 환한 금빛으로 물들이는
달빛, 참 휘황찬란하구나
부드러운 자장가를 불러주는

달빛, 참 휘황찬란하구나
자귀나무 꽃 피는 소리에 귀 기울이는
달빛, 참 휘황찬란하구나
여자의 가슴을 비춰주는

환하고 반짝이는 달
열정으로 가득한 저녁

남자는 조용히 떠나고
혼자 남은 여자는 달빛 속에 밤을 보낸다

8. 폐품의 보살 만세
南無撿破爛菩薩 / Hail the Bodhisattva of Collected Junk
지은이 인니隱匿

폐품의 보살 만세, 오, 위대한 보살이여!

오래돼서 녹슨 구리, 강철 연장, 전부 삽니다
낡은 타이어, 망가진 바퀴, 부서진 오토바이, 전부 삽니다
성가신 남편, 성가신 아내, 전부 삽니다
복통, 불면증, 심한 여드름, 무좀, 사타구니 백선… 전부 삽니다
칙칙한 안색, 피로, 수족 냉증, 온몸이 다 부서지는 듯한 느낌, 전부 삽니다
바보, 멍청이, 나쁜 관계, 화를 잘 내는 사람… 전부 삽니다
사악한 사람, 운 나쁜 사람, 성질 더러운 사람, 대문을 나서자마자 똥 밟는 사람, 재수 없
는 일이 많은 사람, 바람난 애인에게 버림받은 사람… 전부 삽니다
항상 징징대는 시끄럽고 닭살 돋는 사람, 재주 없고 멍청하고 더러운 얼간이, 자신의 무
능을 남 탓으로 돌리고 핑곗거리를 찾는 사람… 전부 삽니다
아버지, 어머니, 선생님, 직장 상사, 관리자에게 스트레스를 많이 받아 골치 아픈 사람…
전부 삽니다
편식하는 사람, 말 안 듣는 아이, 부패한 정부, 돈 벌려고 극단적인 방법까지 쓰는 사람…
전부 삽니다
변비 걸린 사람, 늘 변비 걸린 것처럼 보이는 성가신 사람, 스캔들을 몰고 다니는 사람, 후
레자식, 싸움을 몰고 다니는 사람, 재수 옴 붙은 사람, 전부 삽니다
증권 사기꾼, 빚쟁이, 빚지고 야반도주한 사람, 도박으로 재산 탕진한 사람, 늘 기회를 찾
아다니지만 어디서도 찾지 못하는 사람… 전부 삽니다
무료한 사람, 종일 잠만 자는 사람, 별 이유도 없이 자기 방식만 고집하는 사람, 멍청이,
늘 불이익을 받는 사람, 성가시고 주제를 모르는 사람… 전부 삽니다

잘못된 약을 먹는 사람, 잘못된 파트너를 선택하는 사람, 오랫동안 일을 안 하고 노는 사람, 혹은 안 맞는 사람과 결혼한 사람… 전부 삽니다
늘 최선을 다하고 욕먹는 사람, 씨를 뿌리는데 싹이 안 나는 사람, 좋은 의도로 나섰다가 원한을 사는 사람… 전부 삽니다
진상 고객, 비행 청소년, 철면피, 식충이, 쓰레기 같은 인간, 인생의 야망도 없이 집 안에 처박혀 있는 사람, 남이 망하기를 바라는 사람, 타인의 불행을 고소해하는 사람… 살면서 만나는 모든 나쁜 인간들과 모든 나쁜 것들… 전부 다 삽니다
폐품의 보살 만세, 폐품의 보살 만세, 오, 위대한 아미타불이여!

9. 안개와 연기의 베일 濛沙煙 / Veil of Fog and Smoke
지은이 장팡츠

닭들은 침묵한다
창문 밖으로는 안개와 이슬비
달은 환하고 그녀는 모기장 안에서 꿈을 꾼다
성질 급한 시어머니가 소리친다
"그만 자고 나와"

날도 밝지 않은 새벽
연기와 증기로 가득한 부엌
불 때는 사람보단 장작이 되는 게 낫지
불꽃들은 이글거리며 하늘을 향한다
이것들은 얼마나 별이 되고 싶었을까
꽃 같은 해가 떠올라
들판의 자욱한 안개를 걷어낸다
맨발의 여자는
안개 같은 무거움을 머리에 가득 이고
벼 주변의 흙을 밟으며
느릿느릿 논으로 들어간다

10. 은하수의 물소리 天河的水聲 / The Sound of Water in the Milky Way
지은이 펑칭馮青

아이들은 은하수의 물소리가 들린다고 한다
특히 중추절 축제가 끝난 뒤에
특히 월병을 먹고
할아버지의 롱징 녹차를 훔쳐 마신 뒤에

은하수의 물소리라니
어른들은 성급하게 야단친다
그게 말이 되냐?
그걸 어떻게 듣는단 말이냐?
너희는 수학 시험을 다 망쳤지
종일 말썽만 일으키지

아이들은 정말로
은하수의 물소리가 들린다고 한다
거품이 부글거리다가
우리 베개 위로 떨어진다고
어른들이 모두 잠들면
하늘에서 떨어지는 가을 별들의 소리가
바깥의 연못으로 부드럽게 스며든다고

은하수의 물소리
어린 시절, 대나무 잎으로 만든 배
웃으며 잠든 아이
울며 잠든 아이
뜰에는 망가진 등나무 의자
수많은 작은 눈들이 반짝거리는 밤하늘

은하수의 물은
강가의 풀밭으로 내려와
아이들의 꿈속으로 흘러든다
싱싱한 레몬의 완벽한 마무리를 더하는 것처럼
그리고 여기저기서 조금 더…
어른들은 마침내 잠들고
그들의 하품의 메아리는
여전히 내일의 나무 꼭대기 위에 걸려 있다

젊지만 더 이상 젊지 않은
그는 그녀에게 은하수의 물소리에 대해 들려준다
그것이 어디서 오는지
그녀는 그를 응시하고 그곳에 그들이 있다
중년의 고난과 역경을 지나온 그들이
바람에 날리는 나뭇잎을 바라본다

11. 거대한 자판기 超級販賣機 / Super Vending Machine
지은이 옌아이린顏艾琳

나는 너무 배고파, 목말라

가진 돈을 다 넣었다
아무것도 나오지 않는다

그래서 자판기를 손발로 때렸다

머리를 자판기 안에 집어넣었다
그것으로는 충분하지 않았다

팔다리도 자판기 안으로 집어넣었다
여전히 아무것도 안 나왔다

마지막으로 내 영혼을 집어넣었다
자판기는 뼈 무더기를 뱉었다
그리고 이런 메시지가 떴다
"죄송하지만 잔돈은 없습니다"

12. 흐름 流 / Flow
지은이 뤄쓰룽

해변의 한 여인이 장미처럼 환하고 붉은 얼굴로 천천히 걸어온다 불어오는 바람은 모래의 주름에 부딪힌다 길 잃은 새는 집으로 돌아가고 싶어 하며 가볍게 물결치듯 날아간다 그녀는 바질의 향을 잊을 수 없고 치아 사이로 땅이 흔들리고 바다 거품이 이는 것을 느낀다 개는 몸의 놀라운 신비를 보여준다 내 먼 고향 내 발꿈치가 새까맣게 변하고 햇살이 정수리 위에 있던 그곳 나는 모래를 한 줌 쥐어서 던지고 내 눈과 입과 귀를 닫는다 물고기만이 헤엄치고 있다 짜고 축축한 달은 주름진 빛을 마시고 그 빛은 저 멀리 흘러 흘러간다…

교차하는 아시아 4

사유하는 목소리, 하카 음악의 여성성
— 현대 대만 대중문화와 여성적 주체

초판 1쇄 발행 2021년 11월 30일

지은이 뤄아이메이
옮긴이 신봉아
발행처 국립아시아문화전당
발행인 이용신
기획 아시아문화원
디자인 박대성
편집 엄정원

주소 61485 광주광역시 동구 문화전당로 38
문의 1899-5566
홈페이지 www.acc.go.kr

값 14,000원
ISBN 979-11-89652-91-3 94300
ISBN 979-11-89652-43-2 (세트)